Ingeborg Scholz

Genussgeschichten von der Mosel

Eine kulinarische Reise durch
zweieinhalb Jahrtausende

SUTTON HEiMAT

Inhalt

Einleitung

… nun sollen des Bacchus Gaben die schweifenden Blicke ergötzen, dort, wo ein hoher Gipfel in langem Zug über Steilhänge, auch Felsen, besonnte Hügel, Biegung und Bucht, mit Reben bepflanzt, zu einem Naturtheater aufsteigen.

DECIMUS MAGNUS AUSONIUS
Mosella, Vers 152–156, Übs. Otto Schönberger

Seit der Spätantike wird die Mosel gerühmt von Dichtern und Denkern, Weinkennern und Reisenden. Doch kaum jemand fasste den Zauber der Mosel so einprägsam in Worte wie der Schriftsteller Rudolf G. Binding in seiner 1932 erstmals erschienenen Novelle „Moselfahrt aus Liebeskummer": „Die Mosel liegt abseits. Auch ihre Schönheit, ihre Reize sind abseits. Fast könnte man sagen: fremd. Fein, zart, unmerklich ist ihr Zauber, den dennoch jeder Empfindende an sich erfährt." (S. 5) Der völkerverbindende Fluss tief im Westen Deutschlands blickt auf fast 2.500 Jahre geschichtliche Kontinuität zurück, und dabei paart sich diese an sich schon bemerkenswerte Tatsache mit einer außergewöhnlichen landschaftlichen Gestalt und Schönheit. Wie eine Schlucht liegt das Tal zwischen Eifel und Hunsrück eingeklemmt, mal schroffer und enger, mal weiter und lieblicher. Und bis ins französische Toul hinein ist der Flusslauf gesäumt von Weinbergen: Bei Winningen stapeln sich Weinterrassen in schwindelerregende Höhen, am Oberlauf erstrecken sich die Rebzeilen im sanft geschwungenen Gelände.

Heute wartet die Mosel mit Superlativen auf, die in Tourismus und Weinmarketing punkten: das größte geschlossene Riesling-Anbaugebiet der Welt, das größte Steillagen-Weinbaugebiet der Welt und die älteste Weinbauregion Deutschlands. Dazu gibt es an der Mosel für den deutschen Kulturraum einzigartige Sprachrelikte, nämlich eine bemerkenswerte Dichte sprachlicher Überbleibsel des Lateinischen – und nicht zuletzt wurden an der Mosel auch die ältesten Belege für christliche Gemeinden auf deutschem Boden gefunden.

An der Mosel liegen nicht nur naturräumliche und kulturelle Besonderheiten eng nebeneinander, sondern auch Mentalitäten, darunter Sparsamkeit, Genussfreude, Neugierde und Traditionsbewusstsein. Das milde Klima des Flusstals mit seinem

Ein Blick auf die Weinlage „Piesporter Goldtröpfchen". Es ist wahrscheinlich diese Krümmung der windungsreichen Mosel, die der römische Dichter D.M. Ausonius, vom Hunsrück herabkommend, mit einem Theater verglich. Die nach Südsüdwest exponierten Steillagen mit voller Besonnung bringen die besten Weine hervor, denn hier treffen die Sonnenstrahlen im günstigsten Winkel auf die Reben und erwärmen auch den Schieferboden nachhaltig. Der Waldsaum oberhalb der Weinberge hält kalte Fallwinde ab, und der Fluss ist eine effektive Wärmequelle.

leicht mediterranen Charakter wird bereichert durch französisch-luxemburgisches *savoir-vivre*. Der Lauf historischer Ereignisse führte dazu, dass die Moselaner sich immer wieder mit neuen Gegebenheiten auseinandersetzen mussten. All dies spiegelt sich in der Kulturgeschichte des Essens und Trinkens, wodurch sich ein spannendes Kaleidoskop vielschichtiger Genussgeschichte(n) ergibt.

1. Die Treverer

... und andere keltische Stämme –
um 400 v. Chr. bis zu Kaiser Augustus

Der Flusslauf der Mosel bis Trier war das Rückgrat des Siedlungsgebietes der Treverer, das sich über Eifel und Hunsrück erstreckte. Am Oberlauf waren die Stämme der Mediomatriker und der Leuker ansässig. Auch sie werden in Cäsars „Kommentaren zum gallischen Krieg" erwähnt. Zwischen 58 und 50 v. Chr. unterwarf sie der römische Feldherr, wie auch die Treverer, seiner Herrschaft.

1.1. Blick in den keltischen Kochtopf

Was die Treverer kochten und backten, erforschen Archäologen, Botaniker und Zoologen gemeinsam. Durch die Untersuchung von Pflanzenresten und Tierknochen verschiedener eisenzeitlicher Fundstellen ist die Mehrzahl der Kochzutaten, die den Treverern zur Verfügung stand, gut bekannt,. Auch die Siedlungsweise und Wirtschaft der Treverer ist gründlich erforscht. Sie lebten in kleinen befriedeten Einzelgehöften und Weilern. Regiert wurden sie von einer Oberschicht, die durch Handel und den Besitz von Rohstoffen, vor allem Eisenerz und Gold, reich geworden war. Das Handelsnetz erstreckte sich tief nach Gallien und in die mediterrane Welt sowie zu den Stämmen rechts des Rheins. Kurz vor der Eroberung durch Cäsar blühten auch die ersten Stadtsiedlungen des Moselraumes, sogenannte *oppida*. Dabei handelte es sich um befestigte Höhensiedlungen: Diese lagen auf dem Martberg an der Untermosel (Gemeinde Pommern, Kreis Cochem-Zell), in Wallendorf (Kreis Bitburg-Prüm), Kastel (Kreis Trier-Saarburg) und Otzenhausen (Kreis St. Wendel). Auf dem Titelberg in Luxemburg – wohl Hauptort der Treverer – wurden sogar Münzen geprägt.

Doch es gab bei den Treverern nicht nur Bauern und ihre Häuptlinge, sondern auch Priester und Priesterinnen, Krieger und ihre Knechte, Metallhandwerker für die Gold-, Bronze- und Eisenverarbeitung, Wagenkonstrukteure und Bergleute, Mahlsteinproduzenten, Weberinnen etc. Die Bauern mussten also einen Überschuss produzieren, damit sich in der treverischen Gesellschaft Menschen auch anderen Aufgaben als der Landwirtschaft widmen konnten. Nicht nur Stand und Beruf, sondern auch der Wohnort entschied über die Versorgung mit Nahrungsmitteln.

Beliebte Zutaten für den treverischen Kochtopf: Linsen und Erbsen, Hafer und Emmer.

Händler, die an den überregionalen Verkehrswegen lebten, konnten Südimporte wie Wein oder Feigen genießen, während ein Schafhirte in der tiefen Eifel wohl nur Gerstenfladen und Schafskäse aß.

Suaducca – eine keltische Hausfrau kocht für ihre Familie

Ein diesiger, kalter Maitag beginnt. Suaducca, Hausfrau in einem kleinen Weiler des Treverervolkes, liegt schon wach und beobachtet, wie die Morgendämmerung heraufzieht. Mit dem ersten Hahnenschrei erhebt sie sich von ihrem Strohsack und schürt die Glut, vorsichtig, damit der Tontopf, in dem über Nacht das Dinkelschrot gequollen ist, nicht zerspringt. Sie legt Holz auf, dann geht sie die Kuh melken. Was das Kalb an Milch nicht braucht, ist für die Menschen, bei denen die Kuh grasen kann und die für ihr Wohlergehen sorgen. Den größten Teil der Milch schüttet sie in ein Fass, das hinter dem Haus kühl und schattig steht. Aus der darin gesammelten Milch wird sie morgen Käse machen. Den Rest der Milch gibt sie in den Kochtopf. Ein milder, sämiger Brei entsteht, der in der Hitze des Feuers noch einmal gut durchgewärmt wird. Zusammen mit ihrer Tochter Elvissa füllt sie den Brei in drei Holzschalen um. Jeder hält schon seinen Löffel in der Hand, Suaducca und ihr Mann Litucco teilen sich eine Schüssel, eine die zwei Kinder und eine ist für Knecht und Magd, die im Haushalt mitversorgt werden. Mit der frischen, fetten Milch und dem leicht fermentierten Getreideschrot schmeckt der Brei auch ohne Honig schön süß. Er wird lange satt machen und von innen wärmen.

Direkt nach dem Frühstück beginnt Suaducca mit den Vorbereitungen für die nächste Mahlzeit. Am Vortag hatte die Magd Iccia den Kessel gespült und geschrubbt, mit Sand und Asche alle Verkrustungen weggeputzt. Suaducca hat Erbsen und Linsen eingeweicht. Zusammen mit Iccia hievt sie den Kessel nun über das Feuer. Sie schneidet Streifen von der gedörrten Hammelkeule ab, die über dem Rauch hängt, fügt in Salzlake konservierte Wildkräuter hinzu und heizt kräftig ein. Dann lässt sie das Feuer herunterbrennen. Iccia mahlt mit dem Reibstein Emmerkörner. Sie schuftet, bis ihr die Arme schmerzen. Doch die müden Arme müssen noch einen Teig kneten. Dieser ruht, bis die Sonne sinkt.

Bevor sich die Hausgemeinschaft wieder zum Essen versammelt, heizt der Backstein im Feuer auf, und Iccia macht sich an das Backen frischer Fladen. In einer warmen Ecke des Kochbereichs steht ein kleiner Tontopf, in dem Sauerteig gärt, Suaducca will ihm aber noch ein bis zwei Tage geben, bis er gut ist. Dann gibt es zum nächsten Festtag wieder Sauerteigbrot!

Zur Abenddämmerung sitzen alle wieder um das Feuer, die Schüsseln sind nun mit deftigem Eintopf gefüllt. Dazu gibt es die frischen Fladen, warm und nussig duftend, mit kostbarem Salz prickelnd gewürzt. Suaducca schenkt erfrischenden Apfelwein aus – ein köstliches Essen am Ende eines arbeitsreichen Tages. Suaduccas Familie ist dankbar, dass Nantosuelta, Rosmerta und Epona, die guten Göttinnen des Trevererlandes, im letzten Herbst eine reichliche Ernte geschenkt haben.

Mittagsimbiss aus frisch gebackenen Gerstenfladen, dazu Schinken und Käse. Erbsen und Emmerkörner werden für den Eintopf am nächsten Tag verlesen (und eingeweicht). Zur Würze wurde wildwachsender Majoran gesammelt.

Getreide ist nicht einfach nur Getreide – die unterschiedlichen Ansprüche an Boden und Klima sowie die jeweiligen Backeigenschaften lassen interessante Rückschlüsse auf die Speisegewohnheiten der Treverer zu. Die von den Experten untersuchten Getreidereste verschiedener Fundorte zeigen nämlich, dass innerhalb des treverischen Siedlungsgebietes deutliche regionale Unterschiede bestanden. In Kastel-Staadt und Konz-Könen dominierte die anspruchslose Gerste, gefolgt von Emmer und Dinkel, während in Kobern-Sürzerhöfe Dinkel am häufigsten vertreten war, gefolgt von Einkorn und Emmer. Dort wurde Gerste offenbar nur in geringem Umfang angebaut. Klima- und Bodenansprüche der Getreidesorten erklären diese Unterschiede. Darüber hinaus unterscheiden sich die Getreidearten auch hinsichtlich des erforderlichen Arbeitsaufwandes nach der Ernte. „Nackte" Getreide können einfach gedroschen werden, bei Spelzgetreiden hingegen sind die Körner von dicht schließenden Spelzen umschlossen, die zunächst aufwändig entfernt werden müssen. Das ist etwa beim Dinkel der Fall. Da dieser aber ein wohlschmeckendes, proteinreiches Getreide mit guten

Keltischer Eintopf

Zutaten

für 4 Personen

250 g	getrocknete Erbsen, z.B. Bergerbsen
200 g	Emmer oder Dinkelkörner
1,5 l	Wasser
250 g	durchwachsenen Speck (frisch oder geräuchert) mit Schwarte
2 TL	getrockneten Majoran
	Salz
1 Handvoll	Taubnessel- und Gierschblätter
	Schweineschmalz nach Geschmack

Zubereitung

Erbsen und Getreide über Nacht bzw. 12 Stunden in einem Topf gemeinsam einweichen, dafür werden ca. 1,5 Liter Wasser benötigt. Den Speck in feine Streifen schneiden und zusammen mit dem Majoran in den Topf geben, die Speckschwarte obenauf legen. Alles zusammen aufkochen und mindestens eine halbe Stunde kochen lassen. Kurz vor Ende der Garzeit die Speckschwarte aus dem Topf nehmen. Salz und die fein gehackten Kräuter hinzufügen. Nach Geschmack noch einen Esslöffel Schweineschmalz im Eintopf schmelzen lassen.

Backeigenschaften ist, nahm man diesen Aufwand in Kauf. Aus den Sorten mit hohem Kleberanteil (Gluten) kann man Brote mit elastischer Krume backen, auch dies machte Dinkel, Weizen, Einkorn und Emmer zu beliebten Getreiden. Ließen Boden und Klima nur den Gerstenanbau zu, mussten die Menschen sich mit Fladen begnügen, wobei frisch gebackene Gerstenfladen allerdings nussig und aromatisch schmecken und gut sättigen. Aus Gerste wurden auch Breie und herzhafte Eintöpfe gekocht, und sie diente wohl auch bei den Kelten als Braugerste. Bevor im Mittelalter Hafer angebaut wurde, war die Gerste auch das Kraftfutter für die Pferde. Allein dieses Beispiel zeigt, wie Unterschiede von Boden und Klima die Agrarproduktion und in der Folge die Ernährungsgewohnheiten bestimmen.

Aus dem Treverergebiet gibt es etliche Belege für den Anbau von Kolben- und Rispenhirse. Hirse ist nur zur Herstellung von Brei geeignet. Wird der Brei mit frischer, fetter Milch zubereitet, schmeckt er auch ohne die Zugabe von Honig süß und war bestimmt ein Lieblingsessen der Trevererkinder.

Derart gestärkt, konnten die Kinder von ihren Müttern zum Sammeln geschickt werden. Wildgemüse, Kräuter, Nüsse und Beeren ergänzten die Getreidekost. An Wildobst standen nur der Holzapfel und die Wildbirne zur Verfügung, eine züchterische Verbesserung der Äpfel kam erst durch die Römer ins Land. Ein kräftiges Würzmittel sind Leindottersamen mit ihrem senfartigen Aroma. Ob daraus auch Öl gepresst wurde, ist nicht sicher. Dennoch wird Leindotter-Öl gerne als „Öl der Kelten" vermarktet. Leindotter *(Camelina sativa)* ist botanisch vom Lein *(Linum usitatissimum)* zu unterscheiden. Lein wurde von den Treverern nicht nur zur Gewinnung von Flachs in der Textilherstellung angebaut, sondern auch in der Küche verwendet – ob als Öl oder Würzsamen, ist auch hier nicht bekannt. Mohn war im Spektrum der Kochzutaten ebenso vertreten wie Fenchel und Dill.

Ohne die eiweißreichen Hülsenfrüchte wäre die Ernährung der Treverer – und auch die Kost der Römer – nicht komplett gewesen. Bohnen, Linsen und Erbsen mussten das nur selten verfügbare Fleisch ersetzen. Nachweislich wurden vor allem Linsen und Erbsen angebaut. Auf dem Fundplatz „Auf Buhrmorgen" in Wierschem (moselnah im Kreis Mayen-Koblenz) kamen auch Überreste von Ackerbohnen (Dicke Bohnen) zutage. Die durch die „Asterix"-Comics bekannten Bilder von Wildschwein vertilgenden Galliern sind zwar amüsant, aber irreführend. Wild spielte nur eine untergeordnete Rolle in der keltischen Ernährung. Frisches Fleisch und Schinken waren nur den Festmählern und Häuptlingen vorbehalten, sie waren keineswegs Alltagsspeisen.

Auskunft über die Versorgung mit Fleisch geben uns die ausgewerteten Tierknochen, die entweder aus Gräbern oder aus Siedlungsabfall stammen. Demnach überwiegen Schaf und Ziege als meistverzehrte Tierart. Die höchste Wertschätzung genoss bei den Kelten allerdings das Schwein. Es ist mit einem Drittel im Fundmaterial vertreten. Rinderknochen machen 10 bis 20 Prozent des in Ausgrabungen analysierten Knochenmaterials aus. In den Abfallgruben keltischer Siedlungen landeten jedoch regelmäßig auch die Knochen von Vögeln, Fröschen, Igeln, Wieseln und dem Haushuhn – und auch die von Pferden und Hunden! Das bedeutet jedoch nicht, dass die Kelten ausschließlich ein rein pragmatisches Verhältnis zu den beiden letztgenannten Tierarten hatten. Die Kelten züchteten verschiedene Hunderassen. Dass sie nicht nur als Arbeits- und Nutztiere galten, sondern auch wie heute als Familienmitglieder geliebt wurden, zeigt eine Fülle unterschiedlicher archäologischer Funde. Dennoch sind die Hundefleisch-Beigaben in den Gräbern Ostgalliens nicht zu leugnen. Wohl unter dem Einfluss Roms verschwanden diese um 50 v. Chr. Das Pferd hingegen war eine wichtige Figur in der keltischen Glaubenswelt. Bekannt ist die treverische Pferdegöttin Epona. Ein Mischwesen aus Mann und Pferd, wie es häufig dargestellt wurde, kann eventuell als Gott Taranis identifiziert werden. Pferde waren vielfach Opfertiere. Es wird jedoch kein berittener Krieger seinen treuen Kampfesgenossen einfach „aufgegessen" haben …

Wildbirnen schmecken saftig und aromatisch, aber nicht süß. Hier ist ein Exemplar vom Moselkerner Berg im Jahrhundertsommer 2018 zu sehen.

Das Huhn wurde in der frühen Eisenzeit aus dem asiatischen Raum als Haustier übernommen und war zunächst eher heutigen Zwerghuhnrassen vergleichbar. Als Fleischlieferant war es also weniger ergiebig. Auch die Eier waren entsprechend klein. Der Anteil an Beigaben von Hühnerfleisch stieg dann im Lauf der Eisenzeit an, die Kelten züchteten also gezielt größere Rassen.

In Löf an der Mosel fand man im Siedlungsabfall auch Schalen von Fluss- und Bachmuscheln. Eine gezielte Fischzucht haben zwar erst die Römer etabliert, der Fischfang ist für die vorrömische Eisenzeit jedoch sicher belegt durch die Funde von Angelhaken und Fischreusen. Es ist wahrscheinlich, dass weiteres proteinreiches Sammelgut aus der Natur entnommen wurde: kleineres Wildgeflügel und dessen Eier, Flusskrebse u.ä.

Die Grabfunde legen nahe, dass Frauen weniger Fleisch zur Verfügung stand als Männern. So weisen Frauenbestattungen in jener Epoche tendenziell geringere Fleischbeigaben auf als Männerbestattungen. Außerdem wurde festgestellt, dass Männern zumeist Schweinefleisch mitgegeben wurde, während man Frauen eher Schaf- oder Ziegenfleisch ins Grab legte. So muss man auch bei der Ernährung der Lebenden von deutlichen geschlechtsspezifischen Unterschieden ausgehen. Eventuell konnten die Frauen Defizite über den Verzehr von Fisch und Kleintieren ausgleichen. Schließlich mussten sie während Schwangerschaft und Stillzeit ja sogar noch besser mit Nährstoffen versorgt sein als die Männer.

1.2. Auf das Wohl der Lebenden und der Toten – Die Treverer und der Wein

Besonders prachtvoll waren die Begräbnisse der treverischen Häuptlinge und Herrscherinnen. Diese sogenannten Fürstengräber wurden mit einem markanten Hügel überwölbt und mit kostbarem Schmuck, Waffen, Wagen, Bronzegeschirr und Keramikgefäßen ausgestattet. Gerade das Geschirr und anderes Küchengerät sind wertvolle Zeugen für die damaligen Ess- und Trinksitten. So enthielt das teilweise schon vor den Ausgrabungen beraubte Prunkgrab von Clemency noch 24 teilweise sehr große Keramikgefäße, dazu einen Gitterrost, ein Bronzebecken und zwei

Der noch 1,20 Meter hoch erhaltene Grabhügel „An der Wolfskaul" in der Gemeinde Bruttig-Fankel wurde zwischen dem 5. und 3. vorchristlichen Jahrhundert angelegt. Im Zentrum lag die Bestattung. Viele Relikte der Treverer sind im Erscheinungsbild ähnlich unspektakulär wie dieser Grabhügel – zum Beispiel die Gewässer- oder Siedlungsnamen, die noch aus keltischer Zeit überkommen sind: So leitet sich „Alf" ab von albha (die Weiße, Helle) und „Cochem" von kukama (krumm).

Amphoren. Diese „Grabinventare" erzählen von bestimmten Jenseitsvorstellungen, in denen der Verstorbene seine irdischen Funktionen als Krieger, Führer und generöser Gastgeber weiterhin ausübte. Bemerkenswert ist auch, was die Archäologen aus den Verzierungen der beigegebenen Gefäße herauslesen können. Die Muster lassen klare Rückschlüsse auf Handelsverbindungen nach Italien zu. Und dann stellt sich natürlich die Frage, welche Getränke in diesen Eimern, Kannen und Schalen enthalten waren. Schließlich ist der ausgeprägte Durst der „Barbaren" ein Klischee, das eine gewisse Berechtigung zu haben scheint.

Die Art der Verzierungen weist nach Mittel- und Oberitalien zur Kultur der Etrusker. Die Etrusker sind bekannt für ihre lebensbejahende und genussfreudige Mentalität und ihr Geschick im Handel. Sie verkauften den begüterten keltischen Häuptlingen und Stammesführerinnen nicht nur die Gefäße, sondern auch den schmackhaften Inhalt: Wein. Belege antiker Autoren untermauern das altbekannte Vorurteil der Trinkfestigkeit der Barbaren. So heißt es etwa bei Diodor (er lebte im 1. Jahrhundert v. Chr., sein Bericht ist zeitlich also nicht mit unseren Hügelgräbern in Einklang zu bringen): „Sie gießen den Wein, der von den Kaufleuten eingeführt wird, unvermischt hinunter und nehmen das Getränk, dem sie so ergeben sind, im Übermaß zu sich, bis sie berauscht in Schlaf versinken oder in einen Zustand des Wahnsinns geraten. Viele italienische Kaufleute benutzen daher nach ihrer gewohnten Habgier die Trinksucht der Gallier zu ihrem Vorteil. Sie liefern ihnen den Wein auf dem Wasserwege über die schiffbaren Flüsse wie auch zu Lande auf dem Wagen und gewinnen durch den Handel unglaubliche Summen. Denn für ein Fässchen Wein (40 l) erhalten sie einen Sklaven." (Diod. V, 26; zitiert nach Stadler, S. 150) In der Weltgeschichte gibt es zahlreiche Beispiele für das vorsätzliche Süchtigmachen fremder Völker, seien es die Ureinwohner Amerikas oder die Chinesen, die von der East India Company in die Opiumsucht getrieben wurden. Doch der Alkoholkonsum hat in den meisten Kulturen auch eine soziale Funktion. Gerade das Vorhandensein so exquisiter Trinkgeschirre in den Fürsten- und Fürstinnengräbern zeigt, dass Gelage auch „zelebriert" wurden, und es gibt zahlreiche Indizien für einen bestimmten Sinn und Zweck großer Trinkgelage am Hof des Herrschers: zum Empfang von Gästen, zur Feier mit den Kriegern oder im Rahmen von Grabritualen. Die Ur- und Frühgeschichtlerin Juliane Stadler fasst die aufsehenerregenden Befunde zusammen: „In einigen Keltengräbern der vorrömischen Eisenzeit lagen Weinmengen zwischen 25 und 75 Litern, wie man anhand der Gefäße feststellen konnte – um wie viel höher werden die Mengen gewesen sein, die die Lebenden konsumierten! Gemeinsames Trinken kann soziale Solidarität beziehungsweise Zusammengehörigkeit oder die Zugehörigkeit zu bestimmten Statusgruppen ausdrücken." (Stadler, S. 153 f.) Nicht nur musste Wein in Strömen fließen, auch ein entsprechendes Ambiente gehörte dazu, also golden schimmernde Bronzegefäße, goldverzierte Trinkhörner, die von

Mann zu Mann weitergereicht wurden, Felle, Musik, schöne Frauen – kurz gesagt: das „ganze Programm". Es gab auch eine Reihe von Nahrungsmitteln, die „Luxus-charakter" hatten, weil sie ebenso wohlschmeckend wie aufwändig in der Herstellung oder Beschaffung waren: die besten Stücke von Schwein und Rind, Brot aus fein gesiebtem Mehl, Honig, Butter oder exotische Früchte wie getrocknete Feigen und Datteln. Auch *garum*, die italische Fischsoße, wurde importiert, entsprechende Funde stammen vom Luxemburger Titelberg.

Ein wahrer Boom des Weinimports folgte auf die Eroberung des treverischen Stammesgebietes durch die Römer. Offenbar konnten sich nun auch „normale" Treverer den Genuss von Wein leisten: Amphorenscherben wurden auch in Siedlungen und an Heiligtümern gefunden. Sie sind wahrscheinlich die Überbleibsel von gemeinsamen Fest- oder Kultmählern, die nicht direkt mit der Person eines Häuptlings zu tun hatten, sondern zur Festigung der Gemeinschaft und der Verehrung der Götter dienten.

Und was tranken die Kelten, die sich keinen Wein leisten konnten, die nicht von ihrem Häuptling zum Kriegergelage eingeladen waren oder von der zu Grabe getragenen Fürstin „einen ausgegeben" bekamen? Zahlreiche Belege sprechen für Bier – auch der Römer Plinius, dem dieses Getränk sehr fremd gewesen sein muss, schreibt von „nassem Getreide", aus dem ein berauschender Trank hergestellt wurde. Wie heute wurden die Getreidesorten Weizen bzw. Emmer/Dinkel oder Gerste verwendet. Die Körner ließ man keimen, was den Zuckergehalt im Korn steigen lässt. Anschließendes Rösten stoppt die Keimung, es entwickelt sich der typische Malzgeschmack. Dann wird das Korn geschrotet und mit Wasser versetzt. Bakterien bzw. Sporen aus der Luft setzen die Gärung in Gang, die Tage bis Wochen dauert. Die Bierbrauer bzw. -brauerinnen im Haushalt benötigten viel Fingerspitzengefühl und Erfahrung, damit ein schmackhaftes Bier entstand. Die Spontangärung kann zusammen mit weiteren Mikroorganismen auch schnell zu einem Umschlagen ins Ungenießbare führen. Experten gehen davon aus, dass Milchsäurebakterien dem Bier eine säuerliche Note verliehen haben. Zur geschmacklichen Verbesserung wurden Beeren oder Kräuter hinzufügt. Die Verwendung von Hopfen, der das Bier nicht nur bitter schmecken lässt, sondern auch seine Haltbarkeit verbessert, ist erst seit dem Frühmittelalter belegt und für die vorrömischen Kelten fraglich. Durch Zugabe von Honig konnte man den Zucker- und damit auch den Alkoholanteil des Bieres erhöhen. Die Herstellung von Obstweinen ist plausibel, aber bislang nicht direkt nachgewiesen, weder an der Mosel noch sonst bei den keltischen Stämmen vor den Römern. Met allerdings, Honigwein, ist in der keltischen Welt sicher belegt, und man kann auch vermuten, dass das leicht süß schmeckende und gärfähige Birkenwasser genutzt wurde.

1.3. Lebensmittel für die Toten:
Keltische Grabbräuche und Beerdigungsriten

Besonders spannend sind archäologische Untersuchungen, wenn sie auch Bräuche und geistige Vorstellungen alter Kulturen vorstellbar machen. So wissen wir heute, dass es bestimmte Beerdigungsriten und Grabbräuche gab, welche die Toten noch lange Zeit mit dem Lebenden verbanden. Nachweisbar sind das Mahl „mit dem Toten", das heißt während der Aufbahrung oder unmittelbar vor der Beisetzung, und dann das Mahl „zum Gedenken". In Phasen des Abschieds und Übergangs, die mit zahlreichen Verunsicherungen verbunden sind, geben gemeinsame Mahle Sicherheit und festigen die Gemeinschaft der Lebenden. Ein besonderer Glücksfall für die Forschung sind die Befunde auf den Gräberfeldern von Lamadeleine, Clemency und Goeblingen-Nospelt in Luxemburg. Sie sind in die jüngere vorrömische Eisenzeit zu datieren. Die Archäologen erkennen aus den Funden und ihrer Lage in Lamadeleine, dass der Verstorbene zunächst für eine gewisse Zeit auf dem Bestattungsplatz aufgebahrt war. Währenddessen fanden erste Tieropfer statt. Schweine, Hühner, Schafe oder Ziegen wurden direkt am Ort geschlachtet und auf dem offenen Feuer gebraten. Bei der Verbrennung wurden weitere Tiere geschlachtet und in drei Teile aufgeteilt: Ein Teil verbrannte zusammen mit dem Toten auf dem Scheiterhaufen, ein weiterer Teil wurde später mit in die Grabgrube gelegt. Den wohl größten Teil verzehrte die Trauergemeinde. Die Archäologen deuten das Ritual dahingehend, dass Speiseopfer an die Elemente Luft (Verwesung), Feuer (Verbrennung) und Erde (Bestattung) übergeben wurden. Auch Gaben an das Element Wasser sind anzunehmen.

Rund um die Fürstengräber von Clemency und Goeblingen-Nospelt wurden zahlreiche Scherben von Amphoren und Speisegefäßen gefunden. Wahrscheinlich wurden sie in einem Ritual zerschlagen. Auf dem Gräberfeld von Lamadeleine deckte man sogar 18 Gruben auf, in denen kein Leichenbrand lag, sondern Gefäße bzw. Reste davon. Demnach war es wohl üblich, Geschirr, das zu Totenfeiern benutzt wurde, nicht mehr im profanen Bereich zu verwenden, sondern es unbrauchbar zu machen und zu vergraben.

Für Gedenkfeiern am Grab liefern die drei luxemburgischen Grabfelder ebenfalls aussagekräftige Befunde. Am „Fürstengrab" von Clemency fanden die Ausgräber 25 kleinere Gruben, in deren Verfüllung kleine Mengen von Schweine-, Schaf oder Geflügelknochen steckten. Offenbar fanden hier über längere Zeit hinweg regelmäßige Opferfeiern statt. Besonders auffallend ist die Frauenbestattung von Goeblingen-Nospelt (Prunkgrab Nr. 14). Hier bestand auf der Kuppe des Grabhügels eine feste Vorrichtung für den Getränkeausschank. Auch Tiere wurden hier geopfert.

Münzfunde zeigen, dass der Platz über einen langen Zeitraum genutzt wurde, und zwar mindestens 170 Jahre lang.

Neben Wein und Tieropfern bzw. Fleischspeisen wurden den Verstorbenen und ihren Göttern auch Brot und Gebäck geopfert. Auf dem Gräberfeld von Wederath-Belginum im Hunsrück wurden verkohlte Reste von Backwaren aus der Treverer- und Römerzeit geborgen, die noch naturwissenschaftlich untersucht werden müssen. Bislang ist gesichert, dass auch die Treverer feinporige Krustenbrote und verschiedene Arten Gebäck herstellten. Den Verstorbenen wurde das Backwerk in zerbrocktem Zustand mitgegeben, wohl im Rahmen einer rituellen Handlung. In den Ritualen wurde auch Brei geopfert. Ein Begräbnis war für die Treverer noch unter römischem Einfluss ein Anlass zum Backen, nicht nur für den Verstorbenen, sondern auch für die Trauergemeinde.

In der Zusammenschau ergibt sich das Bild ausgiebiger Leichenfeiern mit großen Mengen von frisch geschlachtetem Vieh, Brot, Kuchen und Wein – in ihren Dimensionen jenen der Frühen Neuzeit vergleichbar, als zwei bis dreitägige Leichenschmäuse abgehalten wurden. Nahrung steht für das Leben an sich – ein Sterbender hat keinen Appetit mehr. So zeigen die Speiserituale der Treverer die enge Verbindung der Lebenden mit den Verstorbenen, sie sind das Band, das ihre beiden Welten miteinander verbindet.

2. Die Römer

von Cäsar bis zum Beginn des Mittelalters – 50 v. Chr. – um 700 n. Chr.

Die römische Küche lebt! 2007 veröffentlichten Annette Köwerich und Hans-Georg Eiben ihr Buch „Genießen wie die Römer. Eine kulinarische Reise entlang der Straße der Römer". Dieses Tourismusprojekt, inzwischen ausgeweitet zu den Landes- und Bundesländergrenzen überschreitenden „Straßen der Römer", erschließt die römischen Sehenswürdigkeiten der Region. Der in der Startphase angebotene Workshop „Antike schmecken" forderte die Gastronomen heraus, sich von der Römerzeit inspirieren zu lassen und schlüssige kulinarische Verbindungen vom Gestern zum Heute zu suchen. Die Fülle der dabei entstandenen Rezepte lässt einem bereits beim Lesen das Wasser im Mund zusammen laufen: Weißkäsenocken mit gehackten Feigen und gerösteten Nüssen auf Rotweinschaum, Kalbsschnitzelchen in weißer Piniensoße, Lammragout mit Kapern und Sardellen etc. Besonders pfiffig sind die Kreationen, die bewusst Anregungen der Antike aufgreifen und mit modernen Zutaten und Speisegewohnheiten kombinieren, etwa die „Römische Marmelade" mit Aprikosen, süßem Weißwein, Honig, Pfeffer und Minze – oder Fleischbällchen mit dem römischen Würzspektrum von Pinienkernen und Fischsoße.

Doch wie fing damals alles an? Wie wurden die Gestade der Mosel römisch und der Küchenzettel der hier lebenden Treverer „latinisiert" und „romanisiert"? Zuerst kamen die römischen Legionen Cäsars. Sie führten für ihren Kriegsherrn einen räuberischen Krieg, der Gaius Julius Cäsar dazu diente, sich für seine innenpolitischen Ziele eine Macht- und Finanzbasis zu schaffen. Dafür raubte er das gallische Gold und verkaufte Hunderttausende in die Sklaverei. Seine Legionen wurden von Tross und Hilfstruppen begleitet, die genauso verpflegt werden mussten wie die Legionäre selbst. Zu diesem Zweck wurden Steuern und Tribute erhoben und die Vorräte der einheimischen Bauern geplündert.

2.1. Im Gepäck der Legionäre

Die Marschverpflegung der römischen Soldaten bestand in erster Linie aus Brot, Speck, Käse, Olivenöl und Essigwasser (*posca*, siehe Kapitel 6). Auch Zwieback war bereits bekannt und wurde als eiserne Ration mitgenommen. Einfachen Fladen backten die Legionäre selbst, dazu legten sie den Teig auf heiße Steine oder Blätter und deckten eine Schüssel darüber, auf die Glut gehäuft wurde, sodass die Hitze von beiden Seiten einwirken konnte. Die Alternativen waren der in der Frühgeschichte allgegenwärtige Getreidebrei und Eintopf aus Hülsenfrüchten. Natürlich aßen die Römer auch gerne Fleisch, doch basierte die Ernährung der Legionäre, die fit und bei guter Laune bleiben mussten, erstaunlicherweise auf dem Getreide. Das lag auch am Selbstverständnis der mediterranen Völker, die sich von den „barbarischen“, Fleisch und Milch verzehrenden Viehzüchtern absetzten, indem sie die mittels „Agrikultur“ angebaute pflanzliche Nahrung höher bewerteten: Getreide, Olivenöl und Wein.

Kaiser Augustus beendete das Blutvergießen des römischen Bürgerkriegs und ging auch daran, die neu eroberten Landstriche in Provinzen einzuteilen und eine geordnete Verwaltung aufzubauen. Die Mosel durchfloss nun zwei Provinzen, die *Belgica* und die *Germania superior*, wobei die Grenze in etwa beim heutigen Bernkastel-Kues verlief. Um 18 bis 30 v. Chr. wurde *Augusta Treverorum* gegründet, die heutige Stadt Trier. Sie entwickelte sich vom Hauptort der *Civitas* (Gebietskörperschaft) der Treverer zur spätantiken Kaiserresidenz. Kulinarisch bedeutete das ein Spektrum zwischen der römisch-bäuerlichen Alltagskost – nach Knoblauch und Zwiebeln „duftend“ – und der griechisch verfeinerten Küche, wie sie uns ein bekanntes, dem Feinschmecker Apicius zugeschriebenes Kochbuch überliefert: Schweineschulter mit Süßmostkuchen, gebratene Ente mit Haselnüssen, Gebärmutter von Jungsäuen etc.

Das Trevererland wandelte also im Lauf von wenigen Generationen sein Gesicht. Zwar flammten 21, 69 und 79 n. Chr. noch Aufstände gegen die Römer auf, doch war die römische Lebensart so attraktiv, dass die Treverer ebenso wenig wie die anderen gallischen Völker ernsthafte Probleme damit hatten, diesen Lebensstil zu übernehmen. Die treverische Oberschicht war bereits im noch laufenden Gallischen Krieg in Teilen romfreundlich gesinnt gewesen. Einzelne Führer des Stammesverbands wurden mit dem römischen Bürgerrecht privilegiert. Sie dürften auch früh wirtschaftlich mit den „Besatzern“ engagiert gewesen sein und gute Geschäfte mit ihnen gemacht haben.

2.2. Speisen in der villa rustica

Das keltische Erbe blieb in den ersten Generationen nach Cäsars Eroberung des Trevererlandes noch präsent. Für die einheimischen Treverer, an sich schon versierte Landwirte, brachten die Römer zwei wesentliche Neuerungen mit: die antike Gartenkultur und agronomisches Know-how für eine gezielte Ertragssteigerung.

Nach und nach entstanden große Landgüter, die sogenannten *villae rusticae* (Einzahl: *villa rustica*). Die großzügig bemessenen und im mediterranen Stil errichteten Wohnhäuser waren von verschiedensten landwirtschaftlich nutzbaren Gebäuden wie Getreidespeichern, Getreidedarren (zum Trocknen des Getreides bzw. um das Entspelzen vorzubereiten), Dreschplätzen, Vorratskellern und Gesinderäumen umgeben. Auf einigen Gütern wurde sogar bereits mit Erntemaschinen und Dreschschlitten gearbeitet. Zumeist lagen die Villen in sogenannten Ökotopengrenzlagen, das heißt sie verfügten sowohl über eher feuchte Zonen, in denen Vieh weiden konnte oder Grünschnitt gewonnen wurde, und höher gelegene Bereiche für den Ackerbau. Die Fachleute haben einen Durchschnittswert von 100 iugera an Betriebsgrößen ermittelt, das entspricht 100 Hektar. Eine solche Anlage wurde von schätzungsweise 50 Personen bewohnt. Entgegen landläufigen Vorstellungen waren die *villae rusticae* keine Prämien für langjährigen Dienst in den Legionen. „Legionäre im Ruhestand" siedelten sich lieber in den stadtähnlichen Ansiedlungen an, die rund um die Legionslager entstanden waren. Wer genau die Villen bewirtschaftete, ist noch nicht abschließend geklärt. Zu denken ist an romanisierte Einheimische aus der Führungsschicht der Treverer. In jedem Fall konnten die Güter auch reichen Stadtbewohnern gehören, die sie von Pächtern oder Verwaltern bewirtschaften ließen.

Die Villen produzierten nicht nur für den Eigenbedarf, sondern auch für Absatzmärkte wie die Stadt Trier oder die Militärkastelle am Rhein. Sie lagen zumeist 0,5 bis 5 Kilometer von einer Fernstraße oder einem schiffbaren Fluss entfernt. Die Mosel war dabei ein bevorzugter Transportweg, denn die Binnenschifffahrt war auch damals schon ein System, das es besser als andere Verkehrssysteme erlaubte, große Mengen an Gütern wirtschaftlich zu transportieren. Auf der Fahrt

Die rekonstruierte Villa Borg bei Perl an der Mosel macht römischen Lebensstil wieder erlebbar.

Der Innenhof der Villa Borg wurde nach antikem Vorbild gestaltet. Neben dem Landwirtschaftsbetrieb gehörten zu den Villen auch Badetrakte und Ziergärten.

stromaufwärts mussten allerdings Menschen oder Tiere eingesetzt werden, welche die Schiffe treidelten, also vom Ufer aus zogen. Die Villen im Trierer Land waren in erster Linie für die landwirtschaftliche Produktion ausgerichtet. Handwerk wurde nur für den Eigenbedarf betrieben. Eine Ausnahme bildet die Schafzucht zur Wollproduktion. Dabei wird wohl auch die Milch der Tiere benutzt worden sein, um Käse herzustellen.

Neu war für die Treverer in der Tat die Anlage von Gärten im Sinne eines umfriedeten, nach bestimmten Regeln gestalteten und gepflegten Lebensraums für Pflanzen und Menschen. Auch eine Obstzucht war den Treverern bis dahin nicht bekannt gewesen. Die Römer brachten eine bereits hoch entwickelte Gartenkultur mit. Man kannte sowohl den Nutz- als auch den reinen Ziergarten, und auch so etwas wie „öffentliches Grün" existierte in den römischen Städten: Bei den Thermen und Theatern, Tempeln und Schulen gab es gestaltete Grünflächen. Blumen hatten nicht nur den Sinn, das Auge zu erfreuen, sondern sie wurden auch bei religiösen

Der Küchengarten der Villa Borg. In den ländlichen und städtischen Gärten wurde ein großes Füllhorn von Obst, neuen Gemüsesorten und Kräutern gezogen, und im milden Klima des Mosellandes gediehen diese prächtig: Hanf, Aufsteigender Fuchsschwanz, Rübe, Melde, Mangold, Zichorie, Knoblauch, Pastinake, Portulak, Gartenkresse, Sellerie, Fenchel, Gartenpetersilie, Bohnenkraut, Thymian, Walnuss, Kornelkirsche, Gartenapfel, Gartenbirne, Echte Mispel, Judenkirsche, Süßkirsche, Pflaume, Zwetsche, Pfirsich und Weinrebe.

Festen gestreut oder zum Schmuck in Girlanden gebunden. Auch für die Herstellung von Parfums und Salben wurden duftende Blüten verarbeitet. Die Römer betrieben außerdem Bienenzucht, während die einheimischen Völker Honig aus Wildbeute verwendeten. Bienenzucht und Gartenbau ergänzten sich. Die Römer versuchten, wo immer es ging, sich Grün in die Wohnumgebung zu holen, in Tontöpfen, oder notfalls als Wandmalerei. Zur römischen Wohnkultur gehörten auch angenehme schattige Sitzplätze und die Verlagerung des alltäglichen Lebens in eine schön gestaltete Umgebung – kurzum, „schon die alten Römer" pflegten in ihren Gärten eine noch heute geschätzte Lebensart.

Die ländlichen Nutzgärten der *villae rusticae* wurden mit professionellem Know-how betrieben, das uns verschiedene antike Autoren wie Plinius und Columella überliefert haben. Dazu zählen die Beobachtung von Klima und Boden, die Sicherung der Wasserversorgung, besondere Düngemethoden, die genaue Kenntnis und die darauf abgestimmte Pflege der einzelnen Arten, die Beachtung der Mondphasen usw. Bei zwei großen *villae rusticae* vor den Toren Triers (Welschbillig und Borg bei Trier) wurden

Arbullias Garten

„In meinem Garten wachsen Wurzeln, die meine Großmutter noch nicht kannte", sinniert Arbullia, als sie die Pastinaken und Rüben wäscht. Sie erinnert sich noch, wie ihre Mutter die ersten Samen auf dem Markt eingetauscht hat. Damals war sie noch ein kleines Mädchen gewesen – und heute ist sie selbst Großmutter! Sie erinnert sich, wie die Mutter sich über dieses Geschäft gefreut hat; sie liebte dieses neue Gemüse mit seinem feinen Aroma. Es gibt den Speisen etwas Feines, Leichtes, und macht sie zu etwas Besonderem, einer willkommenen Abwechslung im Einerlei von Erbsensuppe und Getreidegrützen.

Arbullia schneidet Pastinaken und Rüben in Würfel und gart sie am Feuer in einem irdenen Topf, zusammen mit dünnen Scheiben einer Räucherwurst, die den Sommer gut überstanden hat. Als Würze kommen außer Salz auch Petersilie und Fenchel dazu. Mit dem rauchigen Geschmack der Wurst ergibt das einen kräftigen Sud, einen markanten Kontrast zu den milden Wurzeln.

Als alles fertig gegart und gut durchgezogen ist, füllt Arbullia das Gericht in eine tiefe Schüssel. Die Keramik ist ganz neu und der Stolz Arbullias und ihrer Schwiegertochter Junia. Sie haben das Service auf dem letzten Markt erstanden, bezahlt von dem Geld, das sie mit ihrem selbst angebauten Flachs verdient haben. Besonders froh sind sie mit der Reibschüssel. Auf dem rauen Boden können sie harten Käse reiben und mit Öl und Knoblauch zu einem echten *Moretum* verarbeiten! Nach dem Essen schlendert Arbullia in der Abenddämmerung noch einmal durch ihren frühherbstlichen Garten. Hier gedeihen auch die anderen Römerpflanzen prächtig: Melde und Portulak mit ihren saftigen Blättern, zu denen sie immer noch den Grünen Fuchsschwanz zupft, der sich überall dazwischen gesetzt hat und nicht mehr zu vertreiben ist. Die süßen Wurzeln Siser und Pastinake, die Weißwurzel und der Mangold, von dem man Blätter, Blattrippen und am Ende die Rübe verwenden kann. Arbullia streift vorbei an ihren Würzkräutern: Gartenkresse, Fenchel, Sellerie, Gartenpetersilie, Bohnenkraut, Thymian. In ihrem Baumgarten stehen Walnuss, Kornelkirsche und ein Apfelbaum, dessen Früchte

riesige ummauerte Wasserbassins ergraben, die von einer beeindruckenden Gartenanlage umgeben gewesen sein müssen. Der sogenannte Hermenweiher in Welschbillig misst 59 x 18 Meter und war in Formen eines großen Hauptbassins mit sechs halbkreisförmigen Nebenbassins gestaltet. Er war begleitet von 112 (!) Plastiken des Götterboten Hermes. In der Stadt Trier selbst wurde ein 16 Meter langes Becken entdeckt, 3 Meter breit, begleitet von einem Gebäudetrakt, der mit einer ländlichen Wandmalerei geschmückt war.

*So könnte Arbullias Erntekorb ausgesehen haben: Pastinaken und schwarzer Rettich,
Äpfel und Walnüsse, Feigen und Schnittsellerie.*

viel süßer und saftiger sind als die Früchte, von denen ihre Großmutter erzählte und die nur für Apfelwein taugten.

Arbullia denkt noch einmal an den Markttag zurück, als sie zusammen mit Junia an den Ständen vorbeilief und sie mit all den aufregenden Gaumenfreuden aus dem Süden, von jenseits der *Alpes*, liebäugelten: Reis, Kichererbsen und Pfeffer, Pinienkerne und Mandeln. Ein Händler hatte Amphoren mit Oliven- und Traubenkernöl aufgebaut – mal etwas anderes als Schmalz und Butter, um die Speisen anzureichern. Sie kauften wie üblich nur wenig Öl und Knoblauch, konnten dann aber doch nicht widerstehen, ihr letztes Geld für getrocknete Datteln auszugeben. Sie saßen am Feuer, während sie die Leckerei langsam knabberten. Und dabei kamen sie sich endgültig wie Römerinnen vor.

All diese Gewächse landeten schließlich in der Küche. Besonders anschaulich sind die Grabungsergebnisse von Grand (Département Vosges), wo die Küche eines repräsentativen Stadthauses, einer sog. *domus*, mitsamt Vorratsräumen freigelegt wurde. Diese Küche war mit 3 x 7 Metern Grundfläche erstaunlich klein, verglichen mit der Gesamtanlage, deren Haupthaus allein 50 Meter in der Länge maß. Der Fußboden bestand lediglich aus Stampflehm, und fast ein Drittel des Raumes wurde von der dreiteiligen Kochanlage eingenommen. Sie bestand aus einer bodennahen Feuerstelle auf gesägten Steinplatten und einer 70 Zentimeter hoch aufgemauerten Herdstelle, die in sich zweigeteilt war. In dieser Küche, der einzigen für die gesamte Bewohnerschaft des Hauses, muss es so eng, stickig und hektisch zugegangen sein wie in einer modernen Gastronomieküche. Die dort tätigen Sklaven nahmen daher wohl möglichst viele Arbeitsschritte, wie das Vorbereiten der Kochzutaten, außerhalb der Küche vor. Man fand auch keine Scherben von Speisegeschirr auf dem Küchenboden, nur Reste von Kochgeschirr. Daher wird die zum Auftragen von Speisen benutzte Keramik ebenso außerhalb der Küche aufbewahrt worden sein wie die Lebensmittel. Zu den besonderen Befunden von Grand gehören nämlich ihre zwei Eiskeller, also in den anstehenden Felsen eingearbeitete Rundbauten von 2 Metern Durchmesser. Die Archäologen konnten sogar Überreste von Heu, Stroh und Zweigen im feinen Lehm der Verfüllschichten entdecken. Sie stammen von der Isolierschicht, die um die Eisblöcke angebracht wurde. Diese verhinderte, dass das Eis zu schnell schmolz. Sprechend ist auch, dass in diesen Eiskellern auffallend viele Scherben von Kannen und sogenannten Honigtöpfen lagen. Archäobotaniker konnten eine Vielzahl von Früchten und Gewürzen nachweisen: Dill, Koriander, Fenchel, Äpfel und Birnen, Melonen, Feigen, Maulbeeren, Quitten und Flaschenkürbisse, außerdem Petersilie, Anis sowie Schwarzkümmel und dazu Sammelobst wie Holunder und Walderdbeere. Aus dieser nüchternen Aufzählung steigt ein Spektrum von intensiven und mediterranen Aromen auf, die zumindest die betuchten Inhaber der *domus* serviert bekamen – wobei noch angemerkt sein soll, dass die Melonen höchstwahrscheinlich nicht in Grand wuchsen, denn sie sind vom Klima her recht anspruchsvoll. Melonenkerne wurden offenbar vom Mittelmeer hierher importiert und als Snack geknabbert. Eventuell wurden Melonenstücke auch in Essig oder Honig konserviert und gelangten so in den Handel. Flaschenkürbisse könnten am Ort gewachsen sein, ihr Fruchtfleisch wurde gekocht und als Gemüse gegessen.

2.3. Felsen, die „fließen von Wein": Römischer Moselwein

Mit Fug und Recht wird die Mosel „die älteste Weinbauregion Deutschlands" genannt. Dabei waren handfeste Beweise für diese Behauptung lange Zeit gar nicht vorhanden. Zwar stehen im altehrwürdigen Rheinischen Landesmuseum in Trier römische Steindenkmäler, die von Weinhandel und -konsum berichten, und bei Ausgrabungen kam Trinkgeschirr für Arm und Reich ans Tageslicht, doch dass der hier dargestellte Wein auch tatsächlich an der Mosel selbst produziert wurde (und wenn ja, ab wann), konnten strenge Wissenschaftler lange Zeit durchaus in Frage stellen. Erst die systematischen Forschungen des Trierer Archäologen Karl-Josef Gilles stellten klar: Der römische Weinbau an der Mosel wurde ab der zweiten Hälfte des 2. nachchristlichen Jahrhunderts (also grob gesagt zwischen 150 bis 200 n. Chr.) mit nennenswerter Intensität betrieben. Zuvor war er von den Kaisern durch Edikte verboten worden, um die italische Weinproduktion vor Konkurrenz zu schützen. Als diese Verbote aufgehoben wurden, entstanden große staatliche Weingüter in Piesport, Piesport-Müstert, Graach, Brauneberg und Erden. Sie bewirtschafteten

Eines von zwei Maischebecken der rekonstruierten Römerkelter von Piesport, aufgenommen beim Kelterfest 2018. Durch Treten mit den Füßen oder Bearbeiten mittels Stampfern wurden die gelesenen Trauben zu Maische verarbeitet und so zum Pressen vorbereitet.

Die Maische (zerdrückte Trauben mit Haut und Stielen) wurde dann in die Presskörbe der darunterliegenden Kelter umgefüllt. Die Baumkelter mit zwei Presskörben ist in zwei viertelkreisförmigen Pressbecken installiert. Der Druck wurde mittels Gewichten ausgeübt, die durch eine Spindel gehoben und gesenkt werden konnten.

Lagen bester Qualität – noch heute kommen aus diesen Orten namhafteste Kreszenzen! Die Weine dienten der Versorgung von Hof und Militär sowie für den Export. Daneben wurden private Weingüter betrieben, sie waren ein Produktionszweig der *villae rusticae* und bauten Wein eher für den heimischen Markt an. Der Umfang der privatwirtschaftlichen Weinproduktion bleibt unklar, da man von Kelterhäusern oder einfacher gebauten Keltern ausgehen muss, die archäologisch kaum nachweisbar sind.

Darstellungen auf Grabdenkmälern und archäologische Befunde legen nahe, dass die Pfahlerziehung vorherrschte, daneben aber auch die Jocherziehung praktiziert wurde. Neben Weißwein wurde wohl in geringerem Umfang auch Rotwein angebaut. Die Frage, welche Rebsorten genau angebaut wurden, ist nicht zu beantworten, denn nach gegenwärtigem Stand der archäobotanischen Forschung ist es nicht möglich, die gefundenen Traubenkerne mit heute existierenden Sorten exakt in Verbindung

Das Ablaufbecken der Piesporter Kelter.

zu bringen. Man geht davon aus, dass der heute kultivierte Elbling dem Moselwein der Römer am nächsten kommt.

Die Römer kannten viele Verfahren der Kellertechnik: Durch Zusatz von Kalk wurde der Wein entsäuert, zugeführter Rauch ließ ihn vorzeitig altern (was dem damaligen Geschmacksideal entsprach), Traubensaftkonzentrat (*defrutum*) machte ihn süßer und intensiver.

Über die alltäglichen römischen Trinkgewohnheiten sind wir recht gut unterrichtet. Wasser wurde in der Regel mit Wein oder Essig vermischt getrunken, das tötet Bakterien ab und verbessert den Geschmack. Sogar das Abkochen von Wasser war in der Antike bereits bekannt, erforderte jedoch einen zusätzlichen Verbrauch von Brennmaterial. So bleibt für Marcus Junkelmann, der sich jahrelang der experimentellen Archäologie widmete, festzustellen: „Wein (*vinum*) war das einzige wirklich angesehene und allgemein akzeptierte Getränk in der antiken Welt." (S. 178)

Würzweine waren beliebt, es gab sie süß mit Honig, scharf mit Pfeffer, oder mit Zusätzen von Wermut, Rosen- oder Veilchenblättern. Doch auch damals lebten schon echte Kenner, die den reinen, unvermischten und unverdünnten Wein bevorzugten, der *merum* genannt wurde. Auch bestimmte Anbaugebiete genossen besondere Wertschätzung. Die Mosel zählte jedoch nicht dazu, die berühmten Weinbaugebiete der Antike lagen sämtlich in der mediterranen Zone. Den stärksten Alkoholgehalt der in der Antike bekannten Getränke hatte der schwere Dessertwein mit etwa 20 Volumenprozent. Branntwein kannte man damals noch nicht.

Als durchaus sensationell betrachten die ansonsten nüchternen Wissenschaftler das Fortleben der antiken Weinkultur über den Zusammenbruch des römischen Reiches hinaus. In den unruhigen Jahrhunderten der Völkerwanderungszeit blieben die Moselaner sesshaft. Die durch und durch romanisierte Bevölkerung sprach Moselromanisch – eine heute ausgestorbene, aber bis ins Frühmittelalter hinein erstaunlich langlebige lateinische Tochtersprache. Franken wanderten zwar in das Moselland ein, aber die Moselromanen blieben im weltabgeschiedenen Tal für sich, sie vermischten sich erst langsam mit den Zuwanderern. Bis nach dem Jahr 1000 waren die Moseldörfer zweisprachig.

Die Moselgedichte des Venantius Fortunatus (Bischof von Poitiers, um 536 geboren) schildern uns den Weinbau, der damals betrieben wurde und der ganz offensichtlich sogar ein Steillagenweinbau war. Um 588 beschreibt Venantius eine Mosel- und Rheinfahrt von Metz nach Andernach, die er wohl im Gefolge des Königs Childebert II. (reg. 575–596) und seiner Mutter Brunhilde mitmachte: „Doch dürfen hier selbst starrende Steine nicht ohne Früchte bleiben, sogar die Felsen sind fruchtbar und fließen von Wein. Überall siehst du hier die Hügel mit Reben bekleidet, und ein schweifender Windhauch durchfächelt das Weinlaub. Die Reben, gepflanzt zwischen Steine, stehen dicht in geordneter Reihe und streben in geraden Zeilen zum Gipfel." (Ausonius, S. 49, Übs. Otto Schönberger)

Im noch heute gesprochenen Dialekt bzw. in der Winzersprache der Mosel sowie in den Flurnamen gibt es zahlreiche Wörter, die sich direkt vom Moselromanischen ableiten. Hier eine kleine Auswahl:

- „Bäschoff" – das Rückentragegefäß, das bei der Weinlese benutzt wird, geht zurück auf *bascauda* (Gefäß)
- Flurname „Plenter", von *plantarium*, Rebschule mit Stecklingen, Rebneuanlage
- „Gimme" – Fruchtknospe an der Rebe, von *gemma* (Knospe)
- „glinnen" – nachlesen, von *glennare* (Ähren lesen)
- „pauern" – Traubenmost sieben, von *purare* (reinigen)
- „Term" – Weinbergs-, Grundstücksgrenze, von *terminus* (Grenze)

Conditum – Römischer Würzwein

Zutaten

für 4–6 Personen

1 Flasche Elbling

Honig (Menge nach Geschmack)

Pfeffer

Zubereitung

Wein erhitzen, Honig darin auflösen. Den Wein anschließend aufkochen und den dabei entstehenden Honigschaum abschöpfen. Mit Pfeffer mutig abschmecken. Der Wein kann warm oder kalt serviert werden.

Auch die Fachleute lassen durch die trockenen Zeilen ihrer Schriften immer wieder das Erstaunen über diese bemerkenswerte Kontinuität und die Dichte der Belege durchblicken, die für den deutschen Sprach- und Kulturraum einzigartig sind. Mögen sich die Weingeschmäcker auch immer wieder verändert haben, so sind wir den Römern ewig dankbar, dass sie den Grundstein für Genusskultur und wirtschaftliche Prosperität an der Mosel gelegt haben.

3. Das Mittelalter

um 500 bis 1500

Die Reise zu den mittelalterlichen Genussgeschichten der Mosel führt in Küchen und an Lagerfeuer, aber auch in die Archive und Bibliotheken. Ausgangspunkt der Spurensuche ist die sogenannte Flurküche des typischen Moselhauses aus der Zeit des späten Mittelalters und der Frühen Neuzeit. Die Bezeichnung „Flurküche" erklärt sich daraus, dass dieser Raum direkt von der Straße aus zu betreten war und fast das ganze Erdgeschoss einnahm. Die Flurküchen konnten Raumhöhen von 5 Metern erreichen. Warum sie so hoch gebaut wurden, ist nicht ganz klar. Eventuell verteilte sich dadurch die Wärme des Herdfeuers effektiver im ganzen Haus. Oder die Küche war durch die hoch liegenden Fenster, die auch bei enger Bebauung das Tageslicht einfangen konnten, besser zu belichten. Aber was wurde in einer solchen Küche gekocht und gegessen?

3.1. Erbsen mit Speck – Alltagsküche im Mittelalter

Der Speiseplan hing in diesen Zeiten stark davon ab, ob man in der Stadt oder auf dem Land lebte – und natürlich von Stand und Einkommen. Arme Bauern ernährten sich von Brei, Eintopf und Brot. In den Städten Koblenz und Trier konnten die Bürgerinnen hingegen aus einem vielfältigen Warenangebot auswählen. Ein farbiges Bild davon liefert uns der St. Simeoner Rhein- und Moselzolltarif von 1209 für den Koblenzer Markt. Die Waren wurden ausgebreitet in Krambuden, auf Tischen und Schragen (Böcken) und auch auf der Erde: Käse, Eier, Obst und Gemüse, lebendes Vieh, Wein in Fässern. In ganzen Wagenladungen wurden Getreide, Salz, Tücher und vieles mehr auf den Markt gefahren. Weitere Zolltarife ergänzen dieses

Das Haus Christophorusstr. 9 in St. Aldegund von 1619 ist ein Musterbeispiel für ein ▶
Moselhaus mit Flurküche. Oft waren in die Flurküchen separat beheizbare Stuben
„eingehängt". Die Innenansicht zeigt links den restaurierten Kamin. Auch ein
Brunnen lag früher direkt in der Küche.

Panorama. Der Trierer Tarif nennt neben Honig auch Seim, das ist ungeläuterter Honig, so wie er aus den Waben fließt. Auch Bienenwaben wurden gehandelt. Der Cochemer Zolltarif von 1370 belegt, dass dort u.a. Bier, Kastanien, Nüsse, Honig, Schmalz und Öl umgeschlagen wurden, auch Presskäse, kleine Käse und „fauler Wein", evtl. handelt es sich dabei um fehlerhaften Wein, der später zu Essig verarbeitet wurde. Kastanien und Nüsse, aber auch Hanf und Waid nennt der Historiker Karl Lamprecht als Großhandelserzeugnisse des klimatisch begünstigten Mosellandes. Bereits im Mittelalter wurden Gewürze bis Trier importiert, auch Rosinen und Feigen. Salz – gewonnen in Lothringen – war ein Massengut, und auch Seefisch wurde in großen Mengen eingeführt. Interessant ist, dass die große Vielzahl an Seefisch nur den Rhein entlang transportiert wurde, darunter sogar Frischfisch, bis Trier gelangen allerdings nur Hering, Stockfisch und Laberdan (während Stockfisch den getrockneten Kabeljau bezeichnet, ist Laberdan, manchmal auch Labberdan geschrieben, der eingesalzene Kabeljau).

Das Bild, das die schriftliche Überlieferung zeichnet, wird ergänzt durch die Forschungsergebnisse der Archäobotanik, die auch für das Mittelalter einige spannende Erkenntnisse liefert. So konnte die Botanikerin Margarethe König an mittelalterlichen Würzpflanzen in der Stadt Trier Dill, Sellerie, Sommer-Bohnenkraut, Petersilie und Kümmel nachweisen. Aus alten Schriften ist wiederum bekannt, dass diese nicht nur als Speisewürze verwendet wurden, sondern auch als Heil- und Zauberkräuter. In Siedlungsresten fand man auch Belege für die Kornelkirsche. Diese uns heute eher unbekannten, wohlschmeckend-säuerlichen Früchte können im reifen Zustand gegessen und verarbeitet werden, wurden früher aber auch unreif gepflückt und in Salz oder Essig eingelegt, dann sollen sie wie Oliven schmecken. Im Mittelalter spielte auch Sammelobst noch eine große Rolle für die menschliche Ernährung: Brombeere, Himbeere, Walderdbeere, Heidelbeere und Schlehe sowie Hagebutten und Holunder.

Zum Ausgang des Mittelalters ist die schriftliche Überlieferung umfangreicher, man bekommt nun auch Hinweise auf konkrete Gerichte. In der bäuerlichen Welt finden wir nun Belege für einen – zumindest gelegentlich – reichlicher gedeckten Tisch, so zum Beispiel in den sogenannten Weistümern, das sind schriftliche Aufzeichnungen des damals herrschenden, mündlich weitergegebenen Gewohnheitsrechtes. Sie berichten immer wieder von traditionellen Schöffen- oder Höferessen. Es waren Mahlzeiten, die der Verwalter eines Grundherrn oder ein neu gewähltes Ratsmitglied ausrichten musste und die nicht zu knauserig ausfallen durften. Etwa gab der Verwalter (Meier) der Abtei St. Matthias von Trier jährlich am Andreastag (30. November) zu Karden „ein frei hoebe essen", bei dem sich der Tisch biegen sollte. Gefordert waren „neunerlei gericht vnd die doppelt": Zunächst wurden Speck und Brühe aufgetragen, dann Schweinebraten, Käse und Brot. Danach wurde das

Almosenbrot und Fastenzeiten

Im Mittelalter wurden von wohlhabenden und frommen Gläubigen zahlreiche Armenstiftungen ins Leben gerufen und teilweise über Jahrhunderte hinweg gepflegt. Am Beispiel von Moselkern zeigt sich, dass sich für einen Ort vielfältige Stiftungen im Lauf der Zeit zu einem Mosaik von Hilfeleistungen zusammensetzten. Die verschiedenen Termine waren allen bekannt, und die Bedürftigen kannten ihre Anlaufstellen. 1541 wurden ein Almosenfonds und 1653 von der Familie Hardung eine Brotspende von 1 ½ Malter Korn in jedem Vierteljahr gestiftet. 1 ½ Malter Roggen entspricht nach Münstermaifelder Maß, das für Moselkern gültig war, 188,4 Kilogramm. Die wichtigste kirchliche Armenstiftung in Moselkern war die Karfreitagsspende: Bauern von Münstermaifeld-Metternich und die zwei Moselkerner Müller lieferten in der Karwoche fünf Sömmer „12-Armleutkorn", das waren 78,5 Kilogramm Roggen. Von dem Mehl ließ der Kirchenmeister Brot backen. Außerdem gab es für die Armen am Karfreitag eine Suppe. Laut Kirchenrechnungen kaufte der Kirchenmeister zu diesem Zweck im Jahr 1675 ein ganzes Sömmer Erbsen, etwas Öl und Salz und kochte die Suppe in einem großen Kessel, der eventuell auf dem Kirchhof aufgebaut und gefeuert wurde. Ein Sömmer Erbsen nach Münstermaifelder Maß entspricht immerhin 16,2 Kilogramm! Eine kleine Armenstiftung machte vor 1697 Johann Jörres (Görres). Sie erbrachte 15 Albus im Jahr 1696.

Neben dem Karfreitag war auch der Gründonnerstag ein wichtiger Termin für Armenspeisungen. In Münstermaifeld, dem moselnahen Zentrum des fruchtbaren Maifeldes, konnten die begüterten Stiftsherren des Stiftes St. Martin und St. Severus den Armen des Ortes 1598 ein Mahl aus Stockfisch, Hering und grünem Fisch, Weißbrot, Kuchen und Brezeln servieren lassen, dazu wurde alter und neuer Wein ausgeschenkt. Jeden Sonntag erhielten die ortsansässigen Armen ein Brot.

Schon am Speisezettel der Armenspeisungen sieht man, wie konsequent die Fastengebote eingehalten wurden. Diese galten für jeden Stand. Hering und Stockfisch waren die allgegenwärtigen Fastenfische. Dass kein Moselfisch erwähnt wird, erstaunt. Vielleicht war er so präsent, dass er keinen Niederschlag in den Rechnungen fand. Die Fischerzunft der Stadt Trier bestand jedenfalls schon im Mittelalter. Neben der noch heute bekannten vorösterlichen Fastenzeit wurde bis ins 20. Jahrhundert auch der Advent als Fastenzeit gehalten.

Tischtuch aufgehoben, und man servierte gebratene Birnen mit Fenchel (*fengel*), Reisbrei mit *ferne* (evtl. Rainfarn), zweierlei Brot (Weizen und Roggen) und zweierlei Wein – „wie das jare gewachsen". Weniger aufwändig war das Essen, das ein neu ernannter Schöffe – vergleichbar mit einem heutigen Gemeinderatsmitglied – in Neumagen seinen Schöffenkollegen spendieren sollte: Erbsen mit Speck, Rindfleisch mit Senf und Schweinefleisch mit gelber Brühe, „schönes" Brot aus gesiebtem Mehl, und nach dem Essen „ein bessern schank", also einen guten Wein. Zum Abendessen sollte es noch einmal einen Braten geben (Grimm Weistümer II, S. 450 f., 328). Blättert man ein wenig in dem Weistümer-Band, so ergibt sich das Bild, dass zu einem Imbiss stets Brot und Käse gehörten. Auf einem gut gedeckten Tisch lag auch in der bäuerlichen Welt ein Tischtuch, Salz und Schmalz standen bereit. Ein Minimum an Tischkultur gab es also auch beim „einfachen Volk". Zünfte und Bruderschaften pflegten ebenfalls gemeinsame Mahlzeiten, und die Bürger eine Ortes – verstanden als die männlichen, eingesessenen Haushaltvorstände – veranstalteten regelmäßige „Dorfgelage".

3.2. Fleisch satt – Gutes Leben auf den Ritterburgen

Für deftigen Schmaus und Trank sind die alten Ritter bekannt. Sucht man nun in den schriftlichen Zeugnissen danach, was im wirklichen Leben gegessen wurde, so stellt sich in der Tat heraus, dass die adeligen Bewohner der Burgen, festen Häuser und Türme besser ernährt waren als die Bauern, die ihnen Abgaben in Form von Naturalien liefern mussten. Aufzeichnungen über diese Leistungen blieben in Hülle und Fülle erhalten. Auf Pergamentrollen und in Papierheften schrieben die Verwalter Abrechnungen nieder, so zum Beispiel in der Verwaltung des Trierer Erzbischofs – in seiner Eigenschaft als weltlicher Herrscher. Im Lauf des Mittelalters entstand das Kurfürstentum Trier, dessen Rückgrat der Mosellauf zwischen Koblenz und Trier bildete. Hier war der Trierer Erzbischof Herrscher auch in weltlichen Angelegenheiten sowie Herr über zahlreiche kleinere Ritter und Grafen mit ihren Untertanen. Die Wirtschaftsverwaltung der kurtrierischen Ämter wurde in den sogenannten Amtskellnereien geführt. Die dort tätigen Kellner mussten ihrem Herrn jedes Jahr eine Abrechnung über Einnahmen und Ausgaben vorlegen. So listet die Rechnung der kurtrierischen Kellnerei Saarburg für das Rechnungsjahr 1327/28 folgende Einnahmen auf, die aus den Dörfern der Umgebung und Saarburg selbst zusammengetragen wurden (Lamprecht Nr. 288):

- 120,5 Malter Weizen/Dinkel
- 595 Malter Gerste/Roggen
- 322 Malter Hafer

Die Küche des in den Jahren 1470 bis 1540 erbauten Hauses Rodendorf von Burg Eltz.

- 7 Fuder (*carrata*) mit 1 Ohm Wein, entsprechend etwa 7.000 Litern
- 1,5 Malter und 0,5 Viernzel Erbsen
- 9 Schweine, 4 Ferkel, 1 Schweineschulter (*scapula*)
- 3 Rinder, 2 Kälber
- 290 Hühner
- 34 Pfund Wachs
- 6 Pfund Pfeffer/Gewürz,
- 35 Aale,
- an Geld: 129 Pfund, 7 Schilling, 2 Pfennige.

Die Frage, welcher Menge die genannten 120,5 Malter Weizen in heutigen Maßeinheiten entsprechen, ist nicht leicht zu beantworten. Es fängt damit an, dass in Saarburg Getreide eigentlich mit „Fässern" zu 31,354 Litern gemessen wurde, in der Rechnung hingegen Malter angegeben sind. Der Herausgeber der Rechnung,

Das Getreidemaß ½ Scheffel aus dem alten Halfenhaus von Moselkern ist gekennzeichnet mit den Initialen von Michel Marx (um 1790–1855), einem aus Trier-Zurlauben stammenden Kaufmann. Was er über die Preußenmaße dachte, ist der Nachwelt leider nicht überliefert.

Karl Lamprecht, geht vom Trierer Malter aus. Legt man das Trierer Palastmaß mit 236,556 Litern zugrunde (siehe S. 37), entspricht die Menge etwa 28.505 Litern – das wiederum bedeutet etwa 21.379 Kilogramm Weizen. Die Menge von geringerwertigem Getreide (Gerste oder Roggen) entspricht einem Gewicht von 91.448 kg. Auf Basis solcher gewaltigen Mengen an Naturallieferungen konnten auch Fehden ausgetragen werden (siehe Abschnitt S. 42)!

In der Saarburger Kellnereirechnung von 1327/28 findet man im Verzeichnis der Ausgaben immer wieder Hinweise auf die Verköstigung Durchreisender und für den Erzbischof tätiger Handwerker. Sogar der Erzbischof selbst, der große Balduin (reg. 1307–1354), kam am 4. Juli 1327 spätabends mit seinem Gefolge nach Saarburg. Der Kellner besorgte Eier, Käse und Brot für einen Imbiss sowie Wein und 2 ½ Malter Hafer als Pferdefutter. Bezüglich Brot wird in der Rechnung übrigens zumeist

Das Übermaß an Maß – Hohlmaße und Gewichte an der Mosel

Vom „Maß aller Dinge" konnten die Trierer im Mittelalter nur träumen. Innerhalb der Stadtmauer und direkt vor ihren Toren wurde mit unzähligen Maßen hantiert. Es gab das Stadtmaß und das Dommaß, das Palastmaß und die Maße der großen Abteien und Stifte von St. Simeon, St. Matthias, St. Maximin und St. Paulin. Pfalzel hatte ein eigenes Maß, wie auch das nahe gelegene Schweich. Grundeinheit des St. Simeons-Fruchtmaßes war das „Faß" zu 23,942 Litern. Dabei musste aber beachtet werden, dass Korn gestrichen gemessen wurde, Hafer jedoch gehäuft und Gerste halb gestrichen und halb gehäuft. Die Kuriositäten lassen sich noch fortsetzen: In Bernkastel wurde ein „leichtes" und ein „schweres" Pfund unterschieden, entsprechend 464 Gramm bzw. 519 Gramm. In den beiden Orten Müden und Moselkern, gerade einmal 2 km voneinander entfernt, galten unterschiedliche Weinmaße: Der Schoppen enthielt in Müden 0,475 Liter, in Moselkern 0,5175 Liter. Bei der Ohm betrug die Differenz schon 149 zu 144 Liter.

Entlang der Mosel zwischen der Trierer Talweite und Koblenz gab es bis zum Ende des Alten Reichs etwa 13 unterschiedliche Maße bzw. Maßsysteme – die Trierer Maße nicht eingeschlossen.

Für den Weinbau und insbesondere den Weinhandel waren natürlich die Flüssigkeitsmaße von besonderer Bedeutung. Das Fuderfass, das generell knapp unter 1.000 Litern fasste, wurde unterteilt in Fass/Maß oder Ohm/Quart und Schoppen. Der heute als 0,2- oder 0,25-Liter-Portion servierte Schoppen konnte in damaligen Zeiten stattliche 0,3 bis 0,4 Liter beinhalten.

Nach der Eroberung des Mosellands in den Revolutionskriegen führte die französische Verwaltung die neu entwickelten metrischen Maßeinheiten auch hier ein. Das rational aufgebaute, einheitliche Maß- und Gewichtssystem, das für uns heue selbstverständlich ist, wurde in Handbüchern für Verwaltungsfachleute und Bürger erklärt, alte und neue Maße gegenübergestellt. Als die Rheinlande und damit die Moselregion allerdings 1817 an Preußen übergingen, mussten sich Bauern, Händler und Beamten erneut umgewöhnen. Die Preußen beharrten nämlich darauf, ihr eigenes, bereits antiquiertes System einzuführen. Statt in Kilogramm oder Litern wurde das Getreide nun in Scheffeln abgemessen. Bis das metrische System in ganz Deutschland verbindlich wurde, sollte es noch dauern – bis zur Reichsgründung 1871 und darüber hinaus.

unterschieden zwischen *pane albo* und *pane domus*, also „weißem Brot" und „Hausbrot". Am darauffolgenden Tag, einem Sonntag, wurden für die Küche 1 Hammel, 2 Kälber, Hühner, 4 Schinken, Eier, Lauch bzw. Knoblauch, Wein, Brot und Obst besorgt. Das Gefolge muss also größer gewesen sein und einen gesunden Appetit mitgebracht haben. Balduin kam in diesem Rechnungsjahr dann noch ein weiteres Mal nach Saarburg, und zwar drei Tage lang über den Jahreswechsel 1327/28. Diesmal wurden er und sein Gefolge u.a. mit Rindfleisch bewirtet, zu dessen Zubereitung auch Senf gekauft wurde. Weiterhin mussten wieder reichlich Hühner ihr Leben lassen. Der letzte Tag seines Aufenthaltes war ein Fasttag, abzulesen an den zugekauften Lebensmitteln: Heringe und Bücklinge, Eier, Käse, Öl und Erbsen.

Auch andere Würdenträger waren berechtigt, in der Kellnerei die Gastfreundschaft Balduins in Anspruch zu nehmen, so der Dekan von St. Simeon. Ferner kam der erzbischöfliche Jäger Heinrich mit drei Gesellen und 26 Hunden und weilte zwei Mal über mehrere Wochen in Saarburg. Die Jäger erhielten Korn bzw. Brot, das aus dem Korn der Kellnerei gebacken wurde, Hafer als Pferde- und wohl auch Hundefutter sowie Wein. Zusätzlich kaufte der Kellner Erbsen und Speck. Hier fiel die Beköstigung also schon deutlich schlichter aus.

Doch für alle war gesorgt – jeder, der für den Herrn arbeitete, hatte nicht nur auf Schirm und Schutz ein Anrecht, sondern auch auf einen Beitrag zum persönlichen Jahresvorrat oder einen kleinen Imbiss: Die Schweinehirten erhielten zu Weihnachten 2 Viernzel Weizen/Dinkel und Wein, der Pförtner und die vier Burgwächter 30 Malter geringe wertiges Getreide und Geld. Der Gärtner und der Fährmann wurden ebenso bedacht wie die Helfer bei der Heuernte auf einer Wiese, genannt „Brühl", in Ensch und bei der Weinlese, sie erhielten Getreide bzw. aus dem Getreide gebackenes Brot und Geld. Der Dachdecker und der Zimmermann, die mit ihren Gesellen acht Tage lang in Saarburg Arbeiten verrichteten, wurden mit Brot und Wein versorgt und die Küche kaufte nicht näher bezeichnete Lebensmittel hinzu.

Derartige Imbisse und Zahlungen in Naturalien finden sich regelmäßig in mittelalterlichen Abrechnungen. Das dabei genannte Lebensmittelspektrum wiederholt sich ebenfalls. Während der Weinlese auf dem Gut Niederfell/Dieblich des Münstermaifelder Stifts St. Martin und St. Severus 1391 wurden Getreide und Erbsen ausgegeben, die wahrscheinlich zu Brot und Suppe verarbeitet wurden (Lamprecht Nr. 305). Auch Käse und Brot werden in Schriftquellen jener Epoche immer wieder als Imbiss genannt.

Wenn der Erzbischof nicht gerade seine Herrschaft im Reisen ausübte, wie es im Mittelalter üblich war, residierte er in Trier im Palast, der heutigen Konstantinbasilika. Für die Tischkultur des Palastes gibt es leider nur punktuelle Belege, aufgezeichnet in den „Nachträgen zur erzstiftischen Hauptrechnung" der Jahre 1336 bis 1341 (Lamprecht Nr. 291). So wurde offenbar Wert auf gut gewürztes Essen gelegt, wie

Die nach historischen Quellen wieder eingerichtete Küche der Burg Pyrmont.

es dem mittelalterlichen Geschmacksempfinden entspricht. Eine Ohm Wein wurde verwendet, um Senf zuzubereiten, und Knechte wurden geschickt, um Äpfel aufzusammeln, aus denen Agrest hergestellt wurde – das ist eine saure Zubereitung aus unreifen Trauben, die als Würzmittel in die damalige Küche gehörte und auch heute wieder hergestellt und verkauft wird. Obst als gängiger Nachtisch wird ebenfalls erwähnt. Es wird ausdrücklich eine „kleine Küche" im Palast genannt, für die Salz und ein Fass Heringe angeschafft wurden. Welchen Zweck diese offenbar separate Küche hatte, ist nicht klar. Jedenfalls finden auch 6 Ellen Leinentuch für die Küche und Trinkgefäße aus Zinn Erwähnung. Ebenso ist von in Frankfurt gekauften *cristallina* die Rede. Ob diese Kristallgefäße einem kirchlichen oder weltlichen Zweck diente, muss leider offen bleiben.

Um herauszufinden, welche Gerichte in den herrschaftlichen Küchen hergestellt und beim Mahl aufgetragen wurden, muss man an entlegenen Stellen veröffentlichte Texte zusammentragen. Sie sind nicht in der Dichte überliefert, dass wir für den Moselraum bestimmte kulinarische Wandlungen, also Veränderungen von

Geschmacksvorlieben oder Modegerichte, im Verlauf des Hoch- und Spätmittel-alters nachzeichnen können. Es bleiben punktuelle Belege. So stiftete Erzbischof Bruno (reg. 1102–1124) dem Trierer Domkapitel ein sogenanntes Liebesmahl (*caritas refectionis*), das alljährlich zunächst am Dreikönigstag, später an seinem Sterbetag stattfinden sollte. Dafür schenkte er dem Trierer Dom ein Gut zu Lehmen, das ihm gehörte. Der Erbpächter dieses Gutes war dafür verantwortlich, zu diesem Mahl die Lebensmittel zu liefern: reichlich Kuchen und Wein, dazu fünf Schweine guter Qua-lität, ein junges Schwein, zwei Ferkel, 20 Hühner, 20 Käse, ein Pfund Pfeffer, Bierhefe und Honig. Schon bald stellte sich jedoch heraus, dass die so detailliert aufgeführten Lieferungen nur schleppend eintrafen, und die Lieferung wurde gegen eine Pau-schale von drei Mark abgegolten, die der Pächter zahlen sollte.

„Pfeffer" bezeichnete im Mittelalter nicht nur das uns unter diesem Namen geläu-fige Gewürz, sondern auch generell „Gewürze". Über Venedig gelangten zahlreiche orientalische Gewürze nach Europa, die als Statussymbol galten und zu horrenden Preisen gehandelt wurden: neben dem schwarzen Pfeffer auch Zimt, Muskatnuss und Muskatblüte, Gewürznelken, Kardamom und Galgant sowie Safran. In den Rezepten des Spätmittelalters wird außerdem mit Rohrzucker und Agrest gewürzt.

Dass Adel und Klerus wirklich bestens versorgt waren und es sich auch leisten konnten, wählerisch zu sein, zeigt die Dienstordnung für die Beamten und Diener des trierischen Domkapitels. Dieses Dokument aus der zweiten Hälfte des 13. Jahr-hunderts geht auf einen nur kurz währenden Versuch zurück, für die Trierer Dom-kapitulare wieder eine gemeinschaftliche Lebensweise einzuführen. Und nicht von ungefähr beginnt diese Dienstordnung mit den Obliegenheiten des Schenken. Der sollte zum einen für eine zuverlässige Zuteilung des dem Großhaushalt zustehen-den Weins sorgen, zum anderen aber auch in die Stadt und auf die dort vertäuten Schiffe gehen, um „den aller besten wyn zu smacken vnd zu versuechen", und den Herren anschließend über seine Erkundungen Bericht erstatten. Heute würde man sagen, dass das Domkapitel sich einen eigenen Sommelier leistete. Der Bäcker des Kapitels sollte gute Qualität liefern – behagte den Herren das Brot nicht, konnten sie es zurückgeben und verlangen, dass er neues backte. Die Bäckerei lieferte auch Almosenbrot und das Brot für die Versorgung der Beamten und Diener des Kapitels. Die Diener erhielten sogar das feinere Brot, *syemelen*, das sind kleine Brote aus fein gemahlenem und gesiebtem Weizen. Genannt werden ferner *foechczen* (*vochenze*), eine Art Kuchen oder Weißbrot, *spin broider* (Fettbrote), Kuchen und feine Brötchen, Osterbrot und *doebel*-Kuchen (Würfelkuchen). Die feinsten Brote und Kuchen waren wohl ausschließlich den hohen Herren vorbehalten. Beim Domkapitel arbeiteten darüber hinaus mehrere Köche. Wurde ein Schwein geschlachtet, so standen ihnen davon bestimmte Teile zu: Schwanzstück, Halsknochen, das Dünne von der Seite,

*Der beeindruckende Küchenkamin der Burg Pyrmont. Kochen war hier eine
schweißtreibende und anstrengende Tätigkeit.*

also Bauchlappen/Dünnung, außerdem die Kinnbacken von den Ferkeln und von
den Aalen Kopf und Schwanz.

Doch zurück zu den Rittern, die auf den zahlreichen Moselburgen lebten. Wie
eine solche Burg als Wirtschaftsbetrieb funktionierte, wird am Beispiel der Burg
Pyrmont deutlich, die einige Kilometer von Burg Eltz entfernt ebenfalls im Elztal
liegt. Die über mehrere Jahrhunderte gewachsene Anlage besteht aus Ober-, Nieder-
und Vorburg. Backhaus und Schmiede, feuergefährliche Bauteile der Burg, waren
in der Niederburg weit entfernt vom Haupthaus in Nachbarschaft des Burggrabens
angesiedelt. Noch weiter entfernt in der Vorburg lagen auch Rinder- und Schweine-
stall, wohl ausgelagert, um Geruchsbelästigungen zu vermeiden. Nicht immer jedoch
sind die in den Schriften genannten Gebäudeteile und Räume sicher zuzuordnen.
Genannt werden auch ein „großes Viehhaus" und eine „Kornkammer". In der Niederburg befand sich der mit 11 Metern Länge und 5,5 Metern Breite beeindruckende

Fuderkeller, begleitet von einem Kelterhaus. Auch eine Scheune zur Lagerung von Getreide besaß die Burg. Der Brunnen befand sich in der Oberburg.

Die Burgküche mit ihrer Ausstattung wird in zwei Inventaren von 1550 und 1580 beschrieben. Sie war möbliert mit einem großen zweitürigen und einem kleinen Schrank sowie einem Stollenschrank. An Inventar wird gelistet – an Messinggeschirr: 2 Töpfe und 2 Kessel, an Zinngeschirr: 1 großer Topf, 15 Teller, 7 Kannen und 3 Salzkännchen, dann 2 kupferne Tiegel, 1 eiserner Stock, 1 Eisenhaken, 6 eiserne

„Ohne Mampf kein Kampf" – Die Verpflegung der Kriegsmannschaft auf der Geierslei in den Jahren 1341/42

Von der deftigen Kost des Mittelalters berichtet eine Pergamentrolle von 2,31 Metern Länge und 19 Zentimetern Breite, die im Landeshauptarchiv Koblenz aufbewahrt wird. In ihr notierte Theoderich Jäger Einnahmen und Ausgaben, die er zwischen dem 16. September 1341 und dem 17. Februar 1342 tätigte (Lamprecht Nr. 293). Damals waren Ritter des Trierer Erzbischofs Balduin und ihr Gefolge auf der Geierslei stationiert, einer eilig errichteten Gegenburg gegenüber der Schmidtburg im Hunsrück.

In der sogenannten Zweiten Schmidtburger Fehde, die von 1340 bis 1342 währte, kämpften die verbündeten Erzbischöfe von Trier und Mainz mit ihren Getreuen gegen den Wildgrafen Johann von Dhaun. Sie errichteten kleine Gefechtsstützpunkte, um die Burg Dhaun (bei Kirn im Hunsrück) von den Versorgungswegen abzuschneiden. Diese Gegenburgen fungierten auch als Basislager, um von dort aus zu kämpfen und zu Brandschatzungen auszuziehen. Die Ritter des Trierer Erzbischofs Balduin saßen auf der Geierslei und konnten von dort aus Burg Dhaun sogar mit Bliden, also großen, aus Holz konstruierten Wurfgeschützen beschießen. Nachschubbasis war die nahe gelegene Burg Schmidtburg. Dorthin wurden die Lebensmittel geliefert. Die Rechnung des Theoderich Jäger wirft hierbei ein Schlaglicht auf die komplexe Logistik, welche die militärischen Erfolge Balduins begünstigte. Die Lieferungen kamen von der Neuerburg bei Wittlich, von der Trierer Palastkellnerei und von den Burggrafen zu Cochem und Bernkastel. Das von Trier kommende Getreide wurde auf dem Fluss zunächst nach Bernkastel geschifft und dann auf Pferde umgeladen. Auch ganze Kolonnen von bis zu 26 Wagen brachten Nachschub in den Hunsrück. Die Mosel erweist sich hier wieder als das Rückgrat der erzbischöflich-trierischen Landesherrschaft. In diesen 22 Wochen der Belagerung wurden verzehrt:

Topfdeckel, 2 große Eisenpfannen, 1 eiserne Kuchenpfanne, Reibeisen, Hau- und Spaltmesser, 2 Hackmesser, 4 Holzkannen und 7 Leuchter. Auch damals schon war die Hausfrau offenbar bestrebt, das Kücheninventar stetig zu erweitern und zu optimieren. Im Inventar von 1580 sind zusätzlich aufgeführt: 16 Zinnkannen, 4 Suppenschüsseln aus Zinn, 9 Zinnbecher, 10 Kupferkannen, 2 alte große Pfannen (dazu noch 2 alte schlechte Pfannen), 3 Bratenspieße, 10 „zierliche Kessel", jeweils 1 Blasebalg, Brandrost, Apfelrost, Sieb und 4 Holzkannen.

- 157 Rinder, 104 Schafe, 6 Schweine, also wurden durchschnittlich 12 Tiere pro Woche geschlachtet. Im Lauf der Wochen kaufte der Küchenmeister für 49 Pfund 6 Schillinge und 11 Heller Schweinefleisch zu, außerdem Kalbfleisch.
- 428 Malter Getreide;
- 60 Fuder 1 Ohm 5 Sester Wein
- 1.647 Malter 7 ½ Sömmer Hafer

Regelmäßig zugekauft wurden Lauch/Knoblauch und Zwiebeln, Erbsen, Käse und Öl, außerdem die unvermeidlichen Heringe für die Fasttage.

Leider wissen wir nicht, wie viele Personen die Feldküche bekochte, indessen ist nachgewiesen, dass die Stärke der Besatzung mehrmals wechselte.

Für die Küchenausstattung wurden ebenfalls Ausgaben getätigt, u.a. für diverse Schüsseln und sechs Fässer, um Fleisch einzusalzen (dafür wurde auch extra Salz gekauft, weil von Trier nicht genügend geliefert worden war). Ein Bratspieß wurde ebenso angeschafft wie Leinentuch, das einmal ausdrücklich erwähnt ist, um das Brot darin zu tragen, und auch Gerätschaften, um das Mehl zu reinigen, wohl Siebe. Das zeigt, dass das Brot vor Ort gebacken wurde. Auch Säcke benötigte die Feldbäckerei.

Wildgraf Johann gelang trotz des massiven Aufgebots seiner Feinde die Flucht auf die Burg Felsberg bei Saarlouis. Dort wollte Erzbischof Balduin ihn stellen, indem er plante, Felsberg von böhmischen Bergleuten unterminieren zu lassen und die Burg so zum Einsturz zu bringen. Während die Ritter auf das Eintreffen der Bergleute aus dem fernen Böhmen warteten, setzten sie die Belagerung im Hunsrück fort. Noch bevor die Böhmen zum Einsatz kamen, konnte Balduin Felsberg ausschalten. Der Wildgraf musste sich schließlich geschlagen geben und den Erzbischof um Gnade bitten. Ab dem 24. Juni 1342 wurden Sühneverhandlungen geführt.

4. Die Frühe Neuzeit

um 1500 bis zur Französischen Revolution 1789

4.1. Das Mosaik der Landnutzungen

In dieser „Gelenk-Epoche" zwischen Mittelalter und 19. Jahrhundert lohnt es sich, die landwirtschaftlichen Grundlagen des Moseltals genauer zu betrachten. Sehr kleinteilig war der Naturraum strukturiert, basierend auf gesellschaftlichen Bedingtheiten, wie etwa dem Erbrecht. Es gab aber auch den großen Grundbesitz von Klöstern und Adeligen, die ihre Weinversorgung über eigene Güter an der Mosel sicherten. Viele Herren waren zum Teil weit entfernt. Das führte dazu, dass in den Moselorten die Leibeigenschaft schon früh aufgeweicht und von milderen Formen der Abhängigkeit abgelöst wurde, obwohl die Abgabenlast an Naturalien, Geld und Frondiensten drückend blieb. Aber die Weinbauern gewannen Freiräume, ihr Zusammenleben untereinander selbst zu organisieren: So entstanden im Moselraum frühe Formen kommunaler Selbstverwaltung. Davon zeugen auch die selbstbewusst errichteten Rat- und Spielhäuser (siehe S. 54) oder die bereits genannten „Dorfgelage".

Die positiven Bedingungen des Moseltales für den Weinbau ziehen jedoch die Frage nach sich, woher Getreide, Kartoffeln, Milch und Fleisch kamen, denn der Mensch lebt ja nicht vom Wein allein. Die Landwirtschaft des Moseltales war notwendigerweise mit der auf den benachbarten Höhenzügen von Hunsrück und Eifel verzahnt. „Auf dem Berg" ist genug Platz für Ackerbau und Viehzucht. Früher wurden zusätzlich auch flachere Tallagen für den Ackerbau genutzt. In Boomzeiten des Weinbaus gestalteten die Winzer diese Parzellen zwar zu Rebanlagen um, doch galt eigentlich damals wie heute der alte Winzerspruch „Wo ein Pflug kann gehen, da soll kein Weinstock stehen" – die besseren Lagen waren und sind die Riesling-Steillagen. Um Massenweine oder gehaltvolle Rotweine zu produzieren, sind heutzutage in Zeiten mechanisierter Landwirtschaft auch die Areale attraktiv, die mit Traubenvollerntern befahren werden können. Macht heute die Mischkalkulation von arbeitsintensiver Steillage und effizient zu bewirtschaftender Flachlage die Kleinbetriebe stark, so sicherte früher eine andere Form der Mischung den Lebensunterhalt: Zum Grundbesitz eines typischen Moselwinzers gehörten bis ins 20. Jahrhundert neben den Weinbergen, den *Wingerten*, auch Felder „auf der Höhe", und „Hecke", das heißt Parzellen im Niederwald. Niederwald, der noch

Die Aufnahme von 1957 zeigt einen Aalschocker vor Müden. Charakteristisch für diesen Schiffstyp ist der ausschwenkbare Arm, an dem das Schleppnetz befestigt war. Auch heute noch gibt es Berufsfischer an der Mosel, wenn auch wenige. Sie halten eine alte Wirtschaftsform lebendig.

heute sichtbare Spuren jahrhundertelanger Bewirtschaftung trägt, wächst auf den sonnenabgewandten Talhängen. Hier wurde Eichenlohe gewonnen, der Grundstoff zum Gerben von Leder und Zusatzverdienst für die Winzer. Dazu kam natürlich noch der Küchengarten – und in vielen Orten die Obstwiese. Ob die landwirtschaftlichen Betriebe an der Mosel eines oder mehrere Standbeine hatten, war stets auch eine Existenzfrage. Zwar erlaubte der Verzicht auf den Ackerbau, sich mehr auf den Weinbau zu konzentrieren und Quantität oder Qualität des Produkts zu steigern, doch begab man sich beim Entschluss zur Monokultur auch in fatale Abhängigkeit. Wenn die Erträge nicht ausreichten, um Kartoffeln und Getreide einzukaufen, brach in den Winzerhaushalten die Not aus, und das war in den 1820er- bis 1850er-Jahren der Fall (siehe S. 72).

Die Mosellandschaft als Ganzes war ein Mosaik verschiedenster Nutzungsformen und lebt bis heute vom Kontrast zwischen dem canyonartig eingeschnittenen Tal und den kühlen Höhenlagen von Eifel und Hunsrück. 1754 entstand eine Beschreibung der Vogtei Senheim, die uns der Pfarrer und Historiker Ferdinand Pauly wiedergibt:

Diese Schriftquelle „schildert die Lebensbedingungen für die Mitte des 18. Jahrhunderts in einem sehr günstigen Licht. Die Hochgemeinde [Ortschaft Senheim] ist schuldenfrei; die finanziellen Verhältnisse sind derartig, daß die Gemeinde aus den Versteigerungen von Grasland, Weiden, Holz und Rottland neben vielen freien Zechen jährlich noch Gelder an die Bürger austeilen kann. […] Der Wein ist zwar nicht von derselben Güte wie der Obermoseler, gehört aber zu den besten, welche von Pünderich moselabwärts bis Winningen wachsen. In den Rotthecken, welche umgehauen, gebrannt, gehackt und zur Saat zubereitet sind, wird Korn gezogen. Die Zuteilungen in den Rottmarken sind so reichlich, dass jeder Bürger bei entsprechendem Fleiß die für seinen Bedarf ausreichende Menge an Brotgetreide erntet; die Rotthecken liefern zudem Brennholz, Weinbergspfähle und Eichenlohe.

An Weideland besteht Überfluß, allerdings in dem Sinne, daß für die verhältnismäßig kleinen Viehbestände genügend Weideland vorhanden ist. Nach der Steuerliste von 1663 verfügen die kurtrierischen Untertanen über 61 Kühe und 19 Stück Mastvieh. Die in großen Mengen anfallenden Baum- und Haselnüsse – von letzteren werden in guten Jahren etwa 100 Malter geerntet – werden entweder verkauft, oder mit Hilfe besonderer Maschinen entkernt und zu Öl verarbeitet.

In dem von der Gemeinde zugeteilten Schiffelland ziehen die Bürger weiße und gelbe Rüben sowie Kartoffeln; jeder Bürger erhält von der Gemeinde auf dem festen Land einen Garten nebst einer Anzahl von Obstbäumen, sowie auf dem dem Dorfe vorgelagerten Moselwerthen einen Garten für den Anbau von Gemüse. Kirschen wachsen in großen Mengen und werden zum Teil zu Branntwein verarbeitet.

An Fischen nennt die Beschreibung Barsche, Karpfen, Schleien, Hechte, Salmen und Barben, Im Frühjahr werden die ‚aus der See heraufsteigenden sogenannten

Maifische oder Alsen' in großen Mengen gefangen, ,von welchen die Seitenstücke wie die Böckinge geräuchert werden'. Die besten Fische werden an die durchkommenden Schiffsleute, die umliegenden Klöster und nach Koblenz verkauft; die geringeren gehen aufs Land. Die durch den Bereich der Hochgemeinde [Senheim] fließenden Bäche, besonders der Flaumbach, liefern neben kleinen Weißfischen vor allem Forellen und Krebse.

Die Wälder bieten eine sehr gute, mit Hirschen, Rehen, Schweinen, Rebhühnern, Haselhühnern und Schnepfen reich besetzte Jagd. Die Schnepfen fängt man im Herbst in Schlingen, während sie im Frühjahr geschossen werden. Krammetsvögel werden in verschiedenen Vogelherden gefangen. Die Beschreibung klagt darüber, daß die Zahl der Wildschützen, die in die den dreiherrischen Beamten vorbehaltene Jagd eingereifen, außerordentlich groß sei." (Pauly, Senheim, S. 120 f.)

Wie kam die Kartoffel an die Mosel?

Die Kartoffel hielt um 1730 im Kurfürstentum Trier Einzug. Im Gegensatz zur gerne kolportierten, listenreichen „Einführung" des Kartoffelanbaus durch König Friedrich II. in Preußen waren es hier die Bauern selbst, welche die Vorteile der unterirdisch wachsenden Knollen erkannten. Hierzulande wurde der Kartoffelanbau von der Obrigkeit sogar kritisch beäugt, denn der Anbau der neuen „Grundbirnen" drohte die Zehnteinnahmen zu schmälern. So befassen sich etliche kurfürstliche Verordnungen und langwierig erstrittene Gerichtsurteile mit der Frage, von welchen Ländereien wie viel an Grundbirnen-Zehnt zu entrichten sei. Dennoch lagen die Vorteile für die Bauern auf der Hand: die Knollen taugten als Viehfutter und – bei sinkendem Gehalt des giftigen Solanins durch bessere Züchtung – auch zur menschlichen Ernährung, sie waren anspruchslos und konnten überall gepflanzt werden: auf Wildland, in Gärten, sogar zwischen die Rebzeilen in die Wingerte. Ein besonderer Vorteil war, dass im System der Dreifelderwirtschaft das weniger ertragreiche Sommergetreide durch Kartoffeln ersetzt werden konnte. So bürgerten sich die im Platt *Krumbiere* genannten neuen Gewächse fest auf dem moselanischen Speisezettel ein, wie vor allem das folgende Scholes-Rezept zeigt – das wohl mit Abstand beliebteste Kartoffelgericht des Mosellandes! Scholes kommt traditionell am Martinsabend (11. November) auf den Tisch, als „Martinsgans" des kleinen Mannes. Ursprünglich soll er aus der jüdischen Küche stammen. Das verwundert, gilt Speck doch als nicht koscher. Allerdings ist das Gericht in einer speckfreien Variante als „Kartoffelkugel" in der Tat eine gängige Beilage zum Sabbatessen.

Deppekooche/Scholes

Zutaten

für 4 Personen

2,5 kg Kartoffeln

2 Eier

2 Zwiebeln

100–150 g Dörrfleisch

Öl zum Braten

geriebene Muskatnuss

Salz

Pfeffer

Zubereitung

Die Kartoffeln schälen und fein reiben. Die Zwiebeln und das Dörrfleisch fein würfeln und in Öl anbraten. Zusammen mit den Eiern in die Kartoffelmasse geben. Die Masse mit Salz, Pfeffer und Muskatnuss kräftig abschmecken. Alles miteinander verrühren und in einen gefetteten Bräter füllen. Im vorgeheizten Backofen bei 200 °C (Ober- und Unterhitze) zwei Stunden backen. Mit Apfelmus servieren.

Ein weiteres Schlaglicht auf die vielgestaltige Agrikultur des Mosellandes wirft am Ende der Frühen Neuzeit der „Jahrzäler [!] des Departements von Rhein und Mosel" des Jahres 8 in der Zeitrechnung der Französischen Revolution. Er fügt dem ausgesprochen positiven Bild, das uns für Senheim überliefert wurde, dunklere Schattierungen hinzu. Der „Jahrzäler" wurde 1799/1800 in Koblenz von A. Vanrecum herausgegeben. Das Moselland war von 1792 bis 1794 im Zuge der Revolutionskriege erobert und in die französische Republik eingegliedert worden. Es offenbart sich ein entlang der Mosel in der Ertragslage und Weinqualität sehr uneinheitliches Bild. Über die Moselgemeinden des Kantons Münstermaifeld (am Unterlauf des Flusses) heißt es dort, ihr „Hauptprodukt […] ist Wein, der aber ganz unter die mittelmäßigen Moselweine gehört. Diese Gemeinden erziehen [!] nicht die Hälfte des zu ihrem Unterhalt nöthigen Korns", während die Dörfer des fruchtbaren Maifelds sogar Überschüsse produzierten und mit ihren landwirtschaftlichen Erzeugnissen regen Handel trieben (S. 39 f.). Guter Moselwein war im Kanton Cochem zu vermerken, im Kanton Trarbach gar „vortrefflicher". Auch an der Mittelmosel stellen die französischen Verwaltungsfachleute fest, dass die Gemeinden „auf ihren felsigten Bergrücken kaum die Hälfte ihrer nöthigen Brodfrüchte" anbauen (S. 82). Es sind recht komplexe Fehlentwicklungen, welche die Moselwinzer dann zum absoluten Tiefpunkt von Not und Verelendung im weiteren 19. Jahrhundert führen sollten (siehe S. 69).

Die Gartenstraße von Müden zeigt sich im Frühherbst wie der Garten Eden. Die sorgfältig bestellten Beete sind gesäumt von Ringelblumen und Dahlien. Apfel- und Birnbäume biegen sich unter der Last der Früchte, benachbart von Walnuss- und Pfirsichbäumen. Späte Rosen blühen mit den Sonnenblumen um die Wette. Die beengten Platzverhältnisse in den Dörfern ermöglichten es nicht jedem, seinen Küchengarten direkt am Haus anzulegen. So liegt außerhalb der Ortschaften die „Gartenstraße", an der sich die Gärten aufreihen. Sie werden noch heute intensiv gepflegt. Zur Ergänzung der selbstproduzierten Nahrung wurde früher noch gesammelt: Wildkräuter und –salate, Feldsalat (Mausuure), Blauer Lattich – im Volksmund „Leieschloat" genannt, heutzutage eine geschützte Pflanze, und außerdem die an der Mosel reichlich wachsenden Brombeeren. Dafür konnte die viel beschäftigte Hausfrau ihre Kinder einspannen.

4.2. Schmaus und Trank

Die Trierer „Steipe" war das Festhaus des Stadtrates. Außerhalb der Ratssitzungen traf man sich hier zu Besprechungen, geselligem Beisammensein und zur Feier von Taufen und Hochzeiten. Oder die Trauergemeinde versammelte sich zum Leichenschmaus, wenn ein Ratsherr verstorben war. Festliche Essen gab es auch anlässlich der Bürgermeisterwahl. Hochgestellte Bürger konnten sich gegen ein „Eintrittsgeld" in den erlauchten Kreis aufnehmen lassen, vergleichbar mit einem noblen Golfclub unserer Tage.

Die „Steipe" war ausgestattet mit Silber- und Zinngeschirr, Leinwand und Küchengerät. Geleitet wurde das Haus von vier „Stubenmeistern", die aus dem Kreis der Mitglieder gewählt wurden. Sie führten die Aufsicht über den Betrieb und mussten bei Festlichkeiten dafür sorgen, dass niemand über die Stränge schlug. Unter den Stubenmeistern arbeiteten Stubendiener, eine Köchin und Mägde. In der „Steipe" wurde regelmäßig ein günstiger Mittagsimbiss angeboten, zu dem die Mitglieder auch wenige Freunde mitbringen durften. Zwischen drei und fünf bzw. sechs Uhr nachmittags war „Underdrunk", der von den Mitgliedern reihum zu stellen war. Zum Wein wurden Käse, Brot und Obst gereicht. Anlässlich einer Leichenfeier im Rechnungsjahr 1654–1656 listet ein Stubenmeister auf, welche Lebensmittel eingekauft wurden: Feigen, Rosinen, Zuckerbrot, Brot, Butter, Käse, Äpfel, Haselnüsse, Brezeln, Flanchen (eine Art Kuchen) und drei Päckchen Nürnberger Lebkuchen. Auch Eierwecken konnten anlässlich eines Begräbnisses auf den Tisch kommen. Gewissenhaft notiert wurde, wenn Gläser zu Bruch gingen. Bei einem Abendessen, für das eigens ein Koch engagiert wurde, servierten die Stubendiener: Hammelfleisch, Krammetvögel, Hühner, Hase, Kalbfleisch, Pasteten, Kapaune, Salat, Käse, Brot, Zuckerbrot, Eierweck, Äpfel, Fenchelgebäck (*Finchelschnieden*) und „Totenbeinchen", das ist kleines Gebäck in Form von Knochen. Eine Kollation, also ein Imbiss für Statthalter, Bürgermeister und den gesamten Rat, beinhaltete Kalbfleisch und Ochsenzunge, mit Speck gespickt und als Braten zubereitet, Salat mit „Baumolich und Essig" angemacht, Eier, einen „indianischen" Hahn (Truthahn), zwei Korinthen-Tarten, Brot und anderes Gebäck. Als Gewürze für die Bratensoße wurden Muskatenblüten, Pfeffer und Ingwer (*Gimber*) gekauft, dazu ½ Maß Essig – eventuell wurde das Fleisch nach Art eines Sauerbratens zubereitet. Auch Rettich und Birnen standen auf dem Einkaufszettel. In den Rechnungen sind keine konkreten Gästezahlen angegeben, sodass man keine Aussagen über die Portionsgrößen treffen kann.

Die „Steipe" am Trierer Hauptmarkt wurde im 15. Jahrhundert als Festhaus der Stadt errichtet, im Zweiten Weltkrieg vollständig zerstört und später in ihrer ursprünglichen Form wiederaufgebaut. ▶

Der Winninger Weinhex-Brunnen. Als die Trierer Ratsherren in der „Steipe" tafelten, brannten die Scheiterhaufen. Damals erreichte die grausame Welle der Hexenverfolgungen im Kurfürstentum Trier, aber auch im protestantisch regierten Winningen an der Untermosel ihren Höhepunkt. Durch historische Erzählung, Verzerrung und Verdichtung entstand daraus die Sage von der Winninger Weinhexe. Sie war die Frau des unermüdlichen Winzers und Flötenspielers namens Pfeifenhannes. Als dem Hannes immer wieder Wein aus seinem besten Fass fehlte, ging er der Sache auf den Grund: Keine Hexe war's, die heimlich Wein trank, sondern seine Frau. Die Erzählung reflektiert nicht nur den Hexenwahn jener Zeit, sondern auch die Versuche der Männer bzw. der Obrigkeit, die Frauen vom (gemeinsamen) Schmausen und Trinken abzuhalten – vergebens!

Einkaufszettel für das Bürgermeisteressen in Trier im Jahr 1597

- 191 Pfund Rindfleisch
- 48 Pfund Hammelkeulen (*Hammelstrumpfelen*)
- 5 Hammel
- 4 ½ Kälber
- 4 Schinken
- Speck (zum Spicken)
- 3 Hasen
- ein junger Bock

- 3 große Forellen (für die Pasteten)
- 60 und mehr kleine und große Forellen
- 250 und mehr Krebse
- 7 und mehr Aale
- Grundeln
- ein junger Salm

- 46 Hähne und 11 junge Hähne
- 8 Hühner
- 9 Gänse
- 4 gute Enten
- 3 Kapaune
- mindestens 10 Kungel Vögel

- Wachteln, ein Feldhuhn
- Gerste, um das Geflügel bis zum Schlachten zu füttern

- Eier
- Milch

- guter Weinessig
- Schweineschmalz
- ungeschmolzene Butter
- Mus, Kraut: *Druben Krut, Romersch Moiß* u.a.

- Brot
- 29 Butterwecken
- Eierkränze
- Eierwecken

- 15 Eierkäse
- 3 Limburger Käse
- kleine Bergkäse
- ein guter alter holländischer Käse

- Reis
- Korinthen
- Kapern
- Baumöl
- Senf
- Mehl
- Honig
- Rosmarin, Majoran
- Gewürze
- Salz

- allerhand grüne Kräuter
- Zwiebeln
- Wurzeln, Rüben
- Rettich
- Bohnen
- Artischocken
- Erbsenschoten
- 3 Pomeranzen
- Kirschen, Erdbeeren, Himbeeren
- Äpfel und Haselnüsse
- Blumen
- Kerzen

Das Gastmahl wurde anlässlich der Bürgermeisterwahl vom 14. bis zum 16. Juli 1597 gehalten. Der Rechnungsschreiber notierte auch seine Bezugsquellen, er musste sprichwörtlich von Pontius zu Pilatus laufen und die halbe Stadt leerkaufen. Am Ende waren 280 Gulden, 1 Albus und 2 ½ Heller ausgegeben. Die Mengen an Essbarem, die aufgefahren wurde, sollen nicht darüber hinwegtäuschen, dass Trier sich in dieser Zeit in einem wirtschaftlichen Niedergang befand. 1592 wurden Juden und Protestanten aus der Stadt vertrieben und 1597 trat die Pest auf.

*Die Rückfront des Rathauses von Fankel. Im Erdgeschoss lag eine Küche mit Herd
sowie Koch- und Tischgeschirr. Der rechte, hoch gebaute Kamin ist der Küchenkamin. Der Eingang zum Fest- und Ratssaal lag im Obergeschoss und war über die
Außentreppe zu erreichen. Der dort befindliche Ofen wurde vom Treppenpodest
aus befeuert. Aus Ernst bei Cochem gibt es die Kunde, dass im Rathaus eine ganze
Kiste Zinngeschirr stand, das die Bürger für ihre Festivitäten ausleihen konnten. Die
Gemeindehäuser wurden auch Spielhaus bzw. Spilles genannt.*

„Festhäuser" gab es auch auf den Dörfern. Dorfordnungen legten schriftlich fest, wie man sich bei Feiern im Rathaus zu benehmen hatte. Übermäßiges Trinken stand unter Strafe, und zerbrochenes Geschirr sollte ersetzt werden. Was heute die Aufwandsentschädigung für den Ortsbürgermeister ist oder das „Erfrischungsgeld" für die Wahlhelfer, hat ebenfalls eine lange Tradition. Die Dienste für die Allgemeinheit wurden in der alten Kommunalverfassung mit kleineren Imbissen (Weck und Wein) oder auch Geldsummen vergütet. In einer Welt der Knappheit, in der Geselligkeit jedoch großgeschrieben wurde, stellten sie einen willkommenen Anlass dar, im Alltagsgeschäft innezuhalten, sich zu laben und Neuigkeiten auszutauschen. In Ernst einigte man sich dafür 1672 auf gewisse Grundsätze: Wenn der Bürgermeister und die Geschworenen die jährliche Gemeinderechnung erstellen, dürfen sie dabei für 2 Gulden und 6 Albus verzehren. Bei den drei Treffen, in denen sie die einzelnen Buchungsposten zusammentragen, liegt ihr „Verpflegungssatz" bei 2 Gulden und 6 Albus. Teilen sie die Gemeindegrundstücke zu, steht ihnen Speis und Trank für 5 Albus zu. In diesem Stil geht es weiter, jede Arbeit der Gemeindeführung wird mit einem bestimmten Satz an Geld bzw. einem Geldbetrag zum Verzehr ausgewiesen.

4.3. Die Tafel des Kurfürsten von Trier (und anderer Gourmets)

Der anspruchsvolle Gaumen der Adeligen in Verbindung mit einem funktionierenden Kolonialwarenhandel führte zur Erfindung exquisiter Spezialitäten. In Lothringen werden sie, französischer Lebensart gemäß, bis heute gepflegt und mit Stolz hochgehalten, in Metz etwa die *Boulets de Metz* (Schokoladenbiscuits mit Schoko-Überzug, Marzipan und gerösteten Nüssen), *Fumé Lorrain* (nach Rezept aus dem 17. Jahrhundert zubereitetes, geräuchertes Schweinefleisch), *Pâté Lorrain* (Lothringer Blätterteigpasteten mit in Wein mariniertem Schweine- und Kalbfleisch). Die zweite große Moselstadt Frankreichs, Nancy, war einst die prachtvolle Barockresidenz des abgedankten polnischen Königs Stanislas Leszczinsky (1677–1766). Er konnte sich als polnischer König nicht im europäischen Mächtekonzert durchsetzen und wurde mit dem Herzogtum Lothringen und Bar entschädigt. In seiner Ära kreierten Köche und Bäckerinnen zahlreiche Spezialitäten: die *Bouchée de la Reine* (Königinpastete), den *Baba Stanislas* (einen mit Rum oder Mirabellenlikör getränkten Napfkuchen) und die *Madeleines* von Commercy. Nancy ist auch einer der Orte Frankreichs, in dem berühmte *Macarons* gebacken werden, feine Plätzchen aus geriebenen Mandeln, Eiweiß und Rohrzucker. Das Rezept brachten zwei Nonnen in den unruhigen Zeiten der Revolution 1792 in die Stadt.

Die gehobene Lebensart pflegte natürlich auch der Trierer Kurfürst. Dessen Residenz war aus politischen Gründen in der Frühen Neuzeit weniger Trier

Die Architektur des Rokokoflügels des ehemaligen kurfürstlichen Schlosses in Trier, direkt neben der Konstantinbasilika, ist nicht nur Ausdruck absolutistischen Herrschaftsanspruchs, sondern auch genussfreudiger Lebenseinstellung. Im Giebelfeld des mittleren Bauteils tummeln sich neben Apollon, dem Gott der Künste, auch Pomona und Ceres, Personifikationen des Obst- und Getreideanbaus. Zur Anlage gehört eine Orangerie – so nannte man in der Barockzeit die für Schlossbauten unabdingbaren Gewächshäuser, in denen nicht nur frostempfindliche Pflanzen überwinterten, sondern auch die beliebten Zitrusfrüchte gezogen wurden.

denn Koblenz: zunächst in Ehrenbreitstein auf der rechten Rheinseite, ab 1786 im neuen Stadtschloss in Koblenz selbst. Das Personal der Hofküche bestand aus dem Küchenmeister, zwei Küchenschreibern, dem Kücheninspektor, zwei bis vier Mundköchen und deren Gehilfen. Ferner taten ein bis vier Hofköche Dienst, ein bis zwei Bratenmeister, ein Metzger, ein bis zwei Bäckermeister und ein Hofkonditor. Für die standesgemäße Tafel sorgten der Mundschenk, der gleichzeitig den Posten des „Hofsilberdieners" bekleidete, sowie ein kurfürstlicher Tafeldecker und ein Hoftafeldecker. Auch eine Frau gehörte zum Küchenpersonal, die Hofbeschließerin, die das Weißzeug verwaltete.

An der kurfürstlichen Hofküche wurden die Fäden eines komplex gesponnenen Logistiknetzes zusammengeführt. Aus allen Enden des Kurfürstentums wurden Waren nach Koblenz bzw. in die übrigen Residenzen des Kurfürsten geliefert: Wild kam aus den kurfürstlichen Forsten, Butter von Montabaur im Westerwald, Suppenkräuter lieferte das „Kanzleigärtchen" (wohl in Koblenz selbst) und Fisch kam aus den Weihern des Kurfürsten in den Ämtern Daun, Manderscheid, Montabaur, Saarburg und Wittlich. Die Fasanerie in Kärlich/Schönbornslust züchtete Fasane, und Gärtnereien bei den Residenzen in Ehrenbreitstein bzw. späterhin Koblenz produzierten Gemüse aller Art.

In ferne Zeiten mit ganz eigenen Geschmacksvorstellungen geleitet uns die Auflistung der Hofschreiber über die ausgegebenen und zum Kochen verwendeten Lebensmittel. So wurden auch Hammel- und Ziegenfleisch nicht verschmäht, ebenso wenig Kuheuter, Ochsenfüße, Kälberohren und Gekröse. Auf den Tisch kam Federwild, dass heutzutage vom Aussterben bedroht ist: Auerhahn, Schneehuhn, Haselhuhn oder Wildschnepfe. Neben einheimischen Fischen wurden auch Importe wie der Hering oder die Sardelle verzehrt, ferner Otter, Austern und Muscheln, Schnecken und Frösche. An Käse wurden Parmesan, Holländer und Schweizer Käse, Ziegenkäse und Limburger Käse aufgetischt. Auch exotisches Obst wurde genossen, etwa Ananas, Feige, Granatapfel, Pomeranze und Zitrone. Die Kartoffel fand allerdings noch nicht ihren Weg auf die kurfürstliche Tafel.

Der Hofkonditor hatte Töpfe voll getrocknetem oder eingelegtem Obst aller Art, auch Spezialitäten wie Aprikosenmarmelade, Himbeergelee, Maulbeer- und Violensirup. Der Zucker, damals ausschließlich Rohrzucker, wurde nach der Herkunft und Güte unterschieden. So verfügte der Hofkonditor über „Canariszucker" – so bezeichnete man sehr fein gereinigten Zucker, der von den Kanarischen Inseln gehandelt wurde – und *Melis*, das ist eine einfachere Qualität von der Insel Malta, die auch als „gemeiner Hut-Zucker" Verwendung fand (Zedler-Lexikon). Eine besondere Rolle spielten in der Genusskultur der Frühen Neuzeit die Aromen von Bittermandel, Bittermakrone, Anisbrot und Pomeranze (Bitterorange). Auch diese Produkte wurden in der Hofkonditorei vorgehalten und verarbeitet.

An Getränken sind neben dem Wein, auf den noch eingegangen wird, die Errungenschaften des Kolonialwarenhandels zu nennen: Tee, Kaffee und Kakao. Doch auch die einheimische Melisse wird in den Akten der Hofküche erwähnt, ebenso das berühmte Selterswasser. Erstaunlicherweise erfreute sich noch die schon aus dem Mittelalter bekannte Mandelmilch großer Beliebtheit. Bei einem Ball, den Kurfürst

Clemens Wenzeslaus anlässlich der Einweihung der neuen Residenz in Koblenz veranstaltete, wurden als Erfrischung Tee, Mandelmilch, Limonade und Konfekt angeboten. Kaffee wurde als Abschluss der abendlichen Tafel serviert. Auch „Gefrorenes" gab es als Erfrischung bei Abendveranstaltungen. Der Weinkeller des Kurfürsten – zeitgenössisch „Boutelei" genannt – enthielt beileibe nicht nur die hochkarätigsten einheimischen Gewächse von Rhein und Mosel, sondern auch, wie es dem privilegierten Stand des Kurfürsten entsprach, die edelsten Kreszenzen seiner Zeit: ungarischen Wein, insbesondere Tokajer, spanischen Malaga und Sherry, insbesondere den süßen Pedro Ximénez, Champagner, Burgunder und Muskatellerweine. 1782 wurde aus Gründen der Sparsamkeit verfügt, ausländische Weine nur noch dienstags und donnerstags auszuschenken. Bei den einheimischen Weinen gab es eine Hierarchie in der Wertigkeit, in der sich die standesmäßige Verfasstheit der damaligen Gesellschaft widerspiegelt: Tafelwein für die Tafel des Kurfürsten, Knabenwein für die Edelpagen, Offiziantenwein für höhere Dienstleute und schließlich Gesindewein. An „Hochprozentigem" sind Arrak und Strohwein belegt. Die „Boutelei" verwaltete ferner roten Kochwein, Essig (auch Himbeeressig) und Spiritus. Bier spielte keine nennenswerte Rolle.

Kalte Ente

Nicht mehr nachzuvollziehenden Zuschreibungen gemäß wurde die erfrischende Bowle vom Trierer Kurfürsten Clemens Wenzeslaus erfunden. Der Name liest sich auch als „kaltes Ende" eines Diners.

Zutaten

1 Flasche trockener Mosel-Riesling

1 Flasche Sekt

100 g Zucker

2 unbehandelte Zitronen

Zubereitung

Den Zucker mit 100 ml Wasser aufkochen und anschließend abkühlen lassen (Läuterzucker). Die Zitronen unter heißem Wasser abwaschen und die Schale sehr fein abschälen. Danach die Zitronen auspressen und den Saft durch ein Sieb laufen lassen. Läuterzucker, Zitronensaft und -schale zusammen mit dem Wein in ein Bowlengefäß geben und 1–2 Stunden ziehen lassen. Vor dem Servieren den Sekt hinzugeben.

Baba Stanislas – Ein feines Dessert

Das Rezept geht auf polnischen **Babka** zurück, einen safrangelben Kuchen mit Rosinen und kandierten Früchten, den der aus Polen stammende König Stanislas Leszczinsky in seiner Residenzstadt Nancy weiter verfeinern ließ. Heute wird der **Baba** mit Rum aromatisiert. Der Baba au rhum stand Pate für das Lager Babaorum, welches das Dorf der unbeugsamen Gallier belagert. Unter Stanislas wurde wahrscheinlich Tokaier verwendet.

Zutaten

für den Teig:

40 g frische Hefe

ca. 250 ml Vollmilch

600 g Mehl

1 TL Salz

5 Eigelb (Größe M)

1 Packung Vanillezucker

125 g feinkörniger Zucker

175 g Butter

200 g Rosinen

für den Rum-Sirup:

50 g brauner Zucker

350 ml Wasser

4 EL Rum (alternativ 4 EL Tokaier)

Zubereitung

Zunächst den Sirup herstellen. Dafür den Zucker in Wasser aufkochen, vom Herd nehmen, den Rum hinzugießen, umrühren und erkalten lassen. Für den Teig zunächst 600 g Mehl in eine Schüssel geben, eine Vertiefung hineindrücken und die frische Hefe hinein brocken. Mit lauwarmer Milch auflösen, dafür nimmt man 2–3 EL Milch ab. Während der Vorteig geht, die Eier trennen und die Eigelbe mit dem Zucker, dem Vanillezucker und der Butter zu einer schaumigen Masse verquirlen. Die restliche Milch und Salz hinzufügen. Wenn der Vorteig sein Volumen verdoppelt hat, die Masse hinzufügen und alles zu einem glatten, elastischen Teig verarbeiten. Zum Schluss die Rosinen unterarbeiten. Den Teig mit einem Tuch zugedeckt an einem warmen Ort gehen lassen. Er soll sich noch einmal deutlich vergrößern und ein Fingereindruck sollte sich wieder zurückbilden. Den Backofen auf 180 °C (Ober- und Unterhitze) oder 160 °C Umluft vorheizen. Eine Guglhupf-Form mit Fett ausstreichen. Den Teig einfüllen und den Kuchen etwa 50 Minuten auf dem Rost im unteren Drittel des Backofens backen. Nach dem Backen aus der Form stürzen und vollständig abkühlen lassen. Den Kuchen dann mit dem Sirup begießen und ihn vorsichtig auf dem Teller wenden, er soll vollständig vollgesogen sein. Das kann einige Stunden dauern. Zum Servieren in Scheiben schneiden und mit Obstsalat und geschlagener Sahne oder Eis auf einem Teller anrichten.

Globalisierung im 18. Jahrhundert: Der Duft der weiten Welt

Nach der humanitären Katastrophe des Dreißigjährigen Krieges erholte sich das Land im 18. Jahrhundert langsam wieder. Nicht nur der Adel, auch wohlhabende Bürger konnten sich Kolonialwaren oder andere importierte Köstlichkeiten leisten. Auf der Mosel wurden viele dieser Waren regelmäßig transportiert. Eine Aufstellung von 1783 nennt Frachten, die zwischen Köln und Trier auf der Mosel geschifft wurden (Bistumsarchiv Trier, Abt. 50,56 Nr. 6.), darunter auch die als „holländische Kolonialwaren" bezeichneten Güter Zucker und Kaffee, ferner Stockfisch, Längling, Reis, Karotten, Rosinen, Gewürze, Pfeffer, Berger Tran, Tran, Hering, Branntwein, Salz. Zu den „holländischen Kolonialwaren" gehörten auch Tabak, Kakao und Tee.

1794 verließ Kurfürst Clemens Wenzeslaus das von französischen Revolutionstruppen eroberte Land und ging ins Exil. Auch über diesen Umbruch hinweg war die Mosel ein wichtiger Handelsweg. 1806 erscheint als bedeutendstes Frachtgut der Wein – darunter auch Burgunder, Champagner und Liköre. Daneben wurden u.a. Pflanzenöle („Baumöle"), Getreide und Viehfutter („Fourage"), Wacholderbeeren, Nüsse und Honig verschifft (Kutz, S. 25 f.).

In der Stadt Trier gab es 1817 eine Vielzahl an Betrieben im Lebensmittelhandwerk und -handel: 40 Bäcker, 26 Metzger, 14 Bierbrauer, 2 Branntweinbrenner, 34 „Spezerei-Krämer", 22 Lebensmittelkrämer, 2 Müller (zusätzlich 9 in den Vorstädten), 1 Viehhändler (zusätzlich 8 in den Vorstädten), 6 Weinhändler und 2 Zuckerbäcker (Quellen zur Geschichte der Stadt Trier in der frühen Preußenzeit, S. 343 f.). Einen Eindruck davon, was man in den ersten Jahrzehnten des 19. Jahrhunderts bei einem Kaufmann so erwerben konnte, gibt das „Ehrenbreitsteiner Intelligenzblatt" vom 17. Februar 1838 (Nr. 7). Dort inserierte der Händler Caspari seine frisch eingetroffenen Waren: „So eben erhalten ganz ächten Jamaica-Rum und Madera-Wein, Citronat, Triester Gemüß-Nudeln, grüner Suppenkern, weißer und brauner Sago, frische Sardellen und Häringe."

Bei Suppenkern handelt es sich um Grünkern, milchreif geernteten und gedarrten Dinkel, der eine süddeutsche Spezialität ist und in der heutigen Vollwertküche rege Verwendung findet. Was sich hinter den Triester Gemüß-Nudeln verbirgt, konnte trotz intensiver Recherche leider nicht geklärt werden. Sago ist eine feinkörnige Speisestärke, die aus der in Ostindien beheimateten Sagopalme hergestellt wird. In der Küche Europas wurde der Sago für Suppen, Klößchen, Kaltschalen, Puddings, Aufläufe und dergleichen verwendet, in der Medizin als leicht verdauliches Stärkungsmittel eingesetzt.

Eine Küche großbürgerlichen Zuschnitts im Haus Böcking am Moselufer
von Trarbach, heute Mittelmosel-Museum Traben-Trarbach und adäquat
wiedereingerichtet. Das repräsentative Wohnhaus wurde um 1760 im Auftrag des
reichen Kaufmanns und Landeskassierers Johann Adolf Böcking gebaut. Johann
Wolfgang von Goethe war 1792 hier zu Gast und wurde aus der Küche zu Abend
versorgt – wie es an der Mosel so oft passiert, berichtete er nicht von den servierten
Speisen, sondern nur vom reichlich genossenen Moselwein. Der Vitrinenschrank
gehörte zur ursprünglichen Ausstattung des Hauses. Heute ist in ihm u.a. das
Zinngeschirr der Gemeinde Traben aus dem 18. Jahrhundert ausgestellt.

Die Vorrats- oder „Frucht"-Kammer im Mittelmosel-Museum ist ein schmaler Raum und war ursprünglich nahezu fensterlos. In alten Häusern gab es immer dunkle und kalte Lagerräume, um verderbliche Lebensmittel über längere Zeit hinweg aufbewahren zu können. Das Haus der Böckings besaß auch einen eigenen Brunnen. Damit die gesamte Hauswirtschaft gut funktionierte, waren sechs Knechte und Mägde angestellt.

5. Das 19. Jahrhundert

Wie geschichtliche Ereignisse – Eroberungen, verlorene Schlachten, Konferenzen – sich bis in wirtschaftliche Belange auswirkten und so auch bestimmten, was verzehrt und getrunken wurde, zeigt sich prägnant in diesem Säkulum. So geht die kurze Geschichte der Rübenzuckerfabrik von Trier direkt auf Napoleons Kontinentalsperre zurück, und der Siegeszug des Rieslinganbaus an der Mosel unter anderem auf die Zollpolitik der neuen Herrscher im Moselland, die Preußen.

5.1. Wie wird der Kaffee süß?
Die kurze Geschichte der Rübenzuckerfabrik von Trier

Napoleon war schuld an einem „Luxusproblem" der Bessergestellten, die sich in Koblenz oder Trier bereits an den Genuss von gesüßtem Kaffee oder Tee gewöhnt hatten: Der korsische Imperator hatte 1806 die sogenannte Kontinentalsperre

Fast könnte man meinen, dass in dieser Kanne mit Birnensirup gesüßter Milchkaffee warmgehalten wird. Das Bild entstand im Mittelmosel-Museum Traben-Trarbach.

verhängt. Damit kam der Handel mit Rohrzucker aus den britischen Kolonien zum Erliegen. In Frankreich, Deutschland und anderen europäischen Ländern wurde nun allenthalben nach süßen Alternativen gesucht, wobei auf Initiative Napoleons selbst zunächst Obstsirup in den Mittelpunkt der Bemühungen rückte. In dieser Frage tagte auch die Trierer „Gesellschaft für nützliche Forschungen". Dort traf man sich am 19. November 1810 zu einer außerordentlichen Sitzung, um verschiedene Trauben- und Birnensirupe zu prüfen. Die versammelten Gelehrten unternahmen Versuche, mit diesen Sirupen Kaffee und Tee zu süßen, was im Großen und Ganzen misslang – nur der Süßung von Milchkaffee konnten die Experten etwas abgewinnen, doch letztlich überzeugen konnte auch dieses Verfahren nicht.

Rezept für Zuckersirup aus Birnen, 1810

„Die Birnen werden geschält und die Krutzen weg gethan, dan auf einem Reibeeisen gerieben, oder klein gestoßen. Der daraus entstehende Brey wird mit der Hälfte (auch etwas weniger) Wasser vermischt, und dan der Saft ausgeprest, dieser wird in einen Kupfern Kessel gethan, und auf jede 8 lb. [Pfund] Saft ein Loth fein gepülverte Kreide darin gethan, die ihm alle Säure benimt und zu Boden fallet, nachdem sie einige Zeit (drei bis vier Stunden) darin ware. Nun sieget [seiht] man den Saft durch Flanell, thut ihn in einen andern Kessel, rühret frisches rinds-blut, auf 8 lb. saft ein essleffel voll darin, oder man nimt anstatt des Bluts auf einen Metzen biren, daß weiße von 2 Eyren. Ist alles wohl durcheinander gemengt, so hangt man den Saft aufs Feuer, und laßt ihn gelind sieden, und schaumt ihn sauber ab, man sieget ihn abermal durch flanell, thut den nunmehr hellen saft in einen frischen oder gesäuberten Kessel, hängt ihn übers Feuer und läßt ihn solang kochen, bis er die Consistenz eines gewöhnlichen Sirupes annimt. Wan sich werend diesem absieden wieder etwas Schaum oder satz auf den Boden setzet, so wird er von neuem durchgesiegen, und ist dan zum gebrauch fertig."

Quelle: Stadtarchiv Trier DK 7856

Schon bald wurden die Verantwortlichen jedoch auf die Erfolge von Franz Carl Achard (1753–1821) aufmerksam, der 1801 auf seinem Gut Cunern in Niederschlesien die erste Fabrik für Rübenzucker gegründet hatte. Achard machte seine Verfahren in mehreren Veröffentlichungen allgemein zugänglich, die auch in Frankreich mit

Interesse gelesen wurden. Die dortigen Fachleute waren bald auch von der Wirtschaftlichkeit des Herstellungsverfahrens überzeugt, wobei sie allerdings durchaus überzogene Erwartungen an den Tag legten. 1811 erließ Napoleon ein Dekret zur Förderung des Zuckerrübenanbaus. Im Saardepartement, in dem auch der Mittel- und Oberlauf der Mosel lagen, war man diesbezüglich bereits „gut aufgestellt": Der Präfekt (Verwaltungschef des Departements) und die „Gesellschaft für nützliche Forschungen" hatten einen Preis für den Landwirt ausgelobt, der in der kommenden Vegetationsperiode die größte Fläche mit Zuckerrüben bebauen würde. Auch die Gründung von zwei Fabriken an den Standorten Trier und Saarbrücken war schon projektiert.

Jacob Christian Schmeltzer wurde Geschäftsführer des Rübenprojekts. Er machte zunächst eine ausgedehnte Studienreise, um Achards Methoden in eigener Anschauung zu sehen. C. Bittmann, der die Geschichte der Trierer Zuckerfabrik erforschte, erzählt: „Der fleissige Mann brachte eine reiche Ausbeute nach Hause. An der Quelle, im persönlichen Verkehr mit Achard hatte er alles Nötige erfahren, er hatte Fabriken besucht, mit Fürsten, Staatsmännern, Gelehrten und Handwerkern konferiert, Geräte, Proben und Modelle gekauft und sich Pläne und Kostenanschläge verschafft." (S. 19) Der Königliche Wasserbau-Konducteur From zu Breslau entwarf die Pläne für die Fabrik im ehemaligen Agnes-Kloster von Trier. Kernstück der Anlage waren eine Rossmühle mit Göpel zur Zerkleinerung der Rüben, eine Pressstube sowie eine Klär- und Verdampfungsstube nebst Feuerung. Detaillierte Kostenpläne summierten sich auf 40.000 Francs, doch Schmeltzer konnte an öffentlichen Geldern nur 25.000 Francs investieren, was sich am Ende rächen sollte. Zur Finanzierung wurden auch die Gemeinden mit ins Boot genommen, und zwar in Form einer Zwangsaktiengemeinschaft. Die Gemeinden sollten einen finanziellen Beitrag leisten und Rüben liefern, und dafür als Aktionäre an den Einnahmen beteiligt werden.

Ab 2. Januar 1812 war die Fabrik in Trier startbereit. Schmeltzer hatte mit einem Haufen Probleme zu kämpfen – die erste Trierer Rübenkampagne wurde zum Fehlschlag. Problem war eine Reihe technischer Fehlentscheidungen, die aus Sparsamkeit, aber offenbar auch aus Unerfahrenheit gefällt worden waren. Schließlich handelte es sich hier um die ersten Versuche einer Industrialisierung im Lebensmittelsektor.

Bittmann schreibt: „Nach der Angabe Achards hatte Schmeltzer die Pressen und Gefasse mit Metall beschlagen, damit der Rübensaft nicht mit Holz in Berührung käme. Aus Sparsamkeit […] nahm er statt des Bleies Eisenbleche. Diese wurden undicht, Rübensaft drang durch, begann zwischen dem Holz und dem Blech zu gähren und den ganzen Saft zu verderben. Die Arbeiter waren und blieben ohne Geschick und Interesse. Die wichtige Rübenreibe hatte nur 18 Klingen, während sie 60–80 haben musste, um die nötige Leistungsfähigkeit zu erreichen. Auch die von Achard empfohlene Hebelpresse war unzureichend. Schmeltzer ersetzte sie durch vier Schraubenpressen, die aber auch noch nicht die nötige Leistung zeigten, und er wandte seine Augen nach Paris, wo die hydraulischen Pressen gerühmt wurden. Allerdings sollte eine solche Presse 4 bis 5000 Francs kosten. Aber was die schlimmste aller Widrigkeiten war: die Rüben, die man ihm einlieferte, waren die im Departement üblichen Runkelrüben, ‚Rummeln‘ genannt, mit weissem Fleisch und roter Rinde, unkultivierte rohe Wurzeln, ausgezeichnet als Viehfutter, zur Zuckererzeugung jedoch so ungeeignet als möglich. Kein Wunder, dass Schmeltzer zwar einen klaren Syrup erhielt, dass es ihm aber nicht gelang eine kräftige Krystallisation zu erreichen! Den Syrup nach Achards Methode eindickend, erhielt er eine terpentinähnliche klebrige Masse, die sich jeder Krystallisation widersetzte. Und als er weniger stark eindickte und den Syrup der langsamen Krystallisation aussetzte, erhielt er aus 1000 Meterzentnern Rüben — dies war die ganze Menge, die vom 2. Januar bis 24. März 1812 von ihm verarbeitet wurde — 150 Kilogramm, gleich 0,15 % eines feuchten Rohzuckers, von welchem die Melasse fortwährend abtropfte. Den zu stark konzentrierten Syrup arbeitete er mit Kalkwasser wieder um und klarte ihn mit Ochsenblut." (S. 28 f.)

Doch auch dies wollte nicht klappen, so schickte er entnervt alles an die Brennerei, um zumindest noch einen hochprozentigen Seelentröster aus dem Desaster zu gewinnen. Bittmann weiter: „Aber auch hier verfolgte ihn das Missgeschick. Während die Maische in voller Gährung war, kamen die Steuerbeamten und versiegelten die Destillierblasen, die der Handelsminister trotz einer Befürwortung von Seiten des Präfekten nicht wieder freigab, da er befürchtete, die Steuerbeamten konnten getäuscht werden, indem man unter dem Vorwand, Melasse zu brennen, entgegen dem allgemeinen Verbot des Dekretes vom 1. Februar Kornbranntwein herstellte. So erhielt Schmeltzer nur 300 Liter 19-gradigen Branntwein, und der Rest Syrupmaische verdarb. Der Branntwein wurde am 17. August 1812 durch den Gerichtsdiener Scharnagel versteigert und 75 cts. [Centimes] für das Liter gelöst." (S. 29)

Der Verkauf des wenigen gewonnenen Zuckers, des Branntweins und Sirups erbrachte 1.071,69 Francs, dem standen jedoch Ausgaben von 2.000 Francs für Rüben entgegen – die Investitionskosten für die Fabrik noch gar nicht eingerechnet. Schmeltzer ließ sich nicht entmutigen, bis September 1813 kämpfte er weiter für das Unternehmen und war auch bereit, privates Vermögen dafür einzusetzen. Doch der Sieg der antifranzösischen Koalition in der Völkerschlacht bei Leipzig entzog dem Projekt die Grundlage, indem ein neuer Handelsvertrag mit England in greifbare Nähe rückte. 1814 endete die französische Herrschaft an der Mosel, und unter den Preußen wurde die Fabrik zügig liquidiert.

Als Lehrstück für industrielle Produktion von Lebensmitteln zeigt dieser Fall, dass nicht nur eine stabile Kapitalgrundlage für ein solches Projekt von Nöten ist, sondern auch eine funktionierende Kette von Zulieferern, Experten und motivierten Arbeitern. Im Gegensatz zu anderen Gebieten, die in der Industrialisierung eine rasante Entwicklung erlebten, blieb die Mosel weitgehend landwirtschaftlich geprägt. Während in den Tälern von Ruhr und Wupper die Schlote qualmten, bestellten die Moselaner weiter ihre Wingerte. Nur an wenigen Standorten wurden Wasserkraft und –vorkommen der Seitentäler ausgenutzt, um Fabriken zu gründen, namentlich in der Textilindustrie. Im weiteren Umkreis entstanden im Lauf des 19. Jahrhunderts immerhin auch etliche Fabriken, die Lebensmittel herstellten. 1861 listen die „Statistischen Nachrichten über den Regierungsbezirk Coblenz" folgende Fabriken der Lebensmittelproduktion im Regierungsbezirk auf: 6 Fabriken von Erzeugnissen aus Getreide und Kartoffelstärke, 12 Schokoladen-, Zichorien- und Senffabriken, 23 Essigfabriken, 17 Krautfabriken und 2 Nudelfabriken.

5.2. Bittere Not und gesegnete Jahrgänge: Der Rieslinganbau erobert die Mosel

Der Riesling und die Mosel – das ist eine besondere Beziehung. Wenn es einen Genuss gibt, für den die Mosel weltweit bekannt ist, dann ist es der Riesling aus der Steillage. Doch was macht den Riesling eigentlich zu einer so einzigartigen Rebsorte? Die Rieslingtraube gilt allgemein als die Königin der in Deutschland kultivierten weißen Rebsorten. Die ehemals weit verbreitete alte Kleinbergertraube (allgemein mit dem heutigen Elbling identifiziert) brachte zwar einen hohen Ertrag, der daraus gekelterte Wein schmeckte jedoch flach und sauer. Außerdem war er wenig haltbar. Diese frostempfindliche Rebe brachte in schlechten Jahren gar keinen Ertrag, konnte also komplett ausfallen. Dieses Risiko kennt man beim Riesling nicht. Vom Ertrag her mäßig, aber regelmäßig – das galt schon im 18. Jahrhundert als großer Pluspunkt. Ein weiterer Vorteil des Rieslings ist seine viel gerühmte Säure, die eben keinen „sauren", sondern einen charakterstarken und haltbaren Wein ergibt. Die vielfältigen Aromen, die aus dem Zusammenspiel von Terroir, Säuren und Extrakten entstehen, werden durch hoch entwickelte Kellerkunst akzentuiert und je nach Zeitgeist poetisch umschrieben: würzig, pikant, elegant, süffig, fest und stahlig im 19. Jahrhundert, als Honig und frisches Gras, rauchige Pfirsichfrucht und Schieferduft im 21. Jahrhundert. Wie so ein einziger Schluck Riesling eine ganze Geschichte erzählen kann, vermittelt uns der Briedeler Winzer Achim Reis, der den Wein eines Kollegen verkostet. Nach einem „verhangenen", „erdigen, steinigen" Start schmeckt der Wein nach „altem Weinberg", „Keller" und „Hefe" – und jeder, der die Mosel im Spätherbst kennengelernt hat, sieht unwillkürlich die dunklen Bruchsteingewölbe vor sich und

Die Lage „Winninger Uhlen" mit Weinreben in sogenannter Mosel-Einzelpfahler-
ziehung. Die Wahl der richtigen Anbaumethode war ein nicht zu unterschätzender
Faktor für die Durchsetzung des Qualitätsweinbaus an der Mosel. Die Reben wurden
nun niedriger und laubärmer gezogen als in der Frühen Neuzeit. So kann die vom
Boden abgestrahlte Wärme auf die Trauben einwirken und sie gleichmäßig und voll-
ständig reifen lassen. Bis zur Einführung der arbeitssparenden Drahtrahmenerzie-
hung galt diese Methode als die optimale Erziehungsform für die Reben an der Mosel.

riecht den kräftigen Hefegeruch, der anzeigt, dass die Ernte nun eingefahren und
gekeltert ist – die Mikroorganismen haben mit ihrer Arbeit begonnen. „Herbstlich"
und wie „hochreifes Steinobst" schmeckt die nächste Tiefendimension: „Ich dachte
an rote Weinbergspfirsiche, wie sie meine Großmutter früher eingekocht und zu
Grießmehlklößen serviert hatte. Und dann war da auch immer noch der Schiefer.
Er hallte nach, leicht bitter im Mund. Ich schmatzte ein bisschen, um diesem Stein-
geschmack auf die Spur zu kommen – der Stein, auf dem die Rebe gewachsen war.
Er schmeckte nicht hart, sondern war verwoben mit würzigen und cremigen Tönen.

Cremig? Noch tiefer hineingeschmeckt entfaltete sich eine herbe Fruchtigkeit. Es war absolut erstaunlich, wie lange dieser Wein nachschmeckte und was er immer noch alles zu erzählen hatte." (S. 43 f.)

Der erste schriftliche Nachweis für Rieslinganbau in Deutschland stammt aus einer Rüsselsheimer Kellereirechnung der Grafschaft Katzenelnbogen aus dem Jahr 1435. Für die Mosel liegt die erste Erwähnung bei 1464/65. Bis ins 17. Jahrhundert findet man wiederholt Belege für die große Wertschätzung, die dieser Rebsorte entgegengebracht wurde. Ein für die Frühe Neuzeit besonders aufschlussreicher Text aus dem Umfeld der Hexenverfolgungen besagt, dass Hexen und Zauberer im Trierer Umland „die Rießlingstöck verderben", Rebenholz von ihnen nehmen und es in einem Topf kochen.

Im 18. Jahrhundert beobachtete die kurtrierische Obrigkeit mit zunehmender Sorge Absatzprobleme der heimischen Weinwirtschaft. Als Ursachen wurden übermächtige französische Konkurrenz und hohe Einfuhrzölle in die Österreichischen Niederlande benannt, aber auch interne Gründe: in erster Linie die bescheidene Qualität der Weine. Über die Hofratsprotokolle des Trierer Kurfürstentums ist man über die damals geführten Diskussionen gut informiert. Fachlich wurde sehr genau analysiert. Demnach wurde zu viel Kleinberger (Elbling) angebaut und zudem noch mit einer weiteren minderwertigen Rebsorte („Rheinisch") vermischt. Die Weinstöcke seien mit bis zu acht Schuh (etwa 2,40 Metern) viel zu hoch, und manche Wingerte in Flächen angelegt, die zum Weinbau ungeeignet seien. Auch über eine geeignete Vorgehensweise wurde debattiert. Geheimrat von Münch-Bellinghausen riet von generellen Ge- und Verboten ab, sondern empfahl, die erfahrensten und klügsten Einwohner der Dörfer zu befragen und für jede Gemeinde einzeln Anweisungen zu erarbeiten. In der Hofratssitzung vom 8. Mai 1787 wurde dann jedoch ein Erlass formuliert, demzufolge nach der nächsten Lese alle Reben der Sorte „Rheinisch" auszureißen seien. Er erging – nach Unterzeichnung durch den Kurfürsten am 14. Mai – an die Ämter Saarburg, Pfalzel, Wittlich, Bernkastel, Zell, Münster[maifeld] und Boppard. Dort entstand daraufhin große Unruhe in der Winzerschaft. Es spricht für die kurfürstliche Regierung, dass sie auf die Einwände einging. Eine Modifikation vom 30. Oktober sah vor, innerhalb von sieben Jahren jeweils ein Siebtel der Weinbergparzellen umzustellen, wobei der „dicke Kleinberger" von der Ausrottung verschont bleiben sollte. Zwar waren Strafen bei Nichtbefolgung vorgesehen, doch schien es den Hofräten von Anfang an klar gewesen zu sein, dass dieser Erlass schwer durchzusetzen war.

Bereits im Vorjahr, 1786, hatten im Hofrat Diskussionen darüber eingesetzt, welche Reben man anstelle der schlechten pflanzen sollte. Hofkammerrat Mainone verwarf eine Rebsorte namens „Räuschling" aus dem Elsass und sprach sich für die heimischen Sorten Riesling und Kleinberger/Elbling aus. Auch er machte darauf aufmerksam, dass die Anbaufläche ungünstig ausgeweitet worden war, und empfahl, die frostgefährdeten

Die Lagen „Wintricher Großer Herrgott" mit „Ohligsberg" und „Geierslay" (links) und „Brauneberger Juffer" (rechts) – solchen Lagen verdankt die Mosel ihren Weltruhm. Ohligsberger Auslese wurde 1901 im Kaiser-Keller zu Berlin für 10 Mark

flachen Lagen in Ackerland umzuwandeln. Der Hofrat riet dem Kurfürsten, die Auswahl der geeigneten Rebsorten von den jeweils örtlichen Gegebenheiten abhängig zu machen. Clemens Wenzeslaus verzichtete denn auch auf eine ausdrückliche, die Rebsorte betreffende Weisung. Allerdings nutze er den neu geschaffenen „Kurfürstlich-trierischen Land-Kalender" 1788, um für den Rieslinganbau zu werben. In einem fingierten Dialog erzählt Winzer Thomas seinem Vetter Peter, wie er durch den Anbau von Rieslingreben unter Verzicht auf den bisher üblichen Mischsatz qualitativ besseren Wein erzielt, den er auch teurer verkaufen kann. Noch in der 1793er-Ausgabe des Landkalenders gab es Unterweisungen zur Umsetzung des Erlasses. Doch da standen schon die französischen Revolutionstruppen im Land, Clemens Wenzeslaus flüchtete nach Augsburg und der alte Kurstaat Trier brach zusammen. An eine planmäßige Durchführung des kurfürstlichen Erlasses war nicht mehr zu denken.

die Flasche verkauft, Brauneberger feinste Auslese sogar für 18 Mark (Moselwein zur Blütezeit, S. 6). Die Lagen „Bernkasteler Doctor", „Scharzhofberger" oder „Maximin Grünhäuser Herrenberg" liefern noch heute die Spitzengewächse der Mosel.

So setzte sich der Riesling flächendeckend erst schrittweise durch. Bis er zur dominierenden Rebsorte der Moselregion, das heißt an den Läufen von Mosel, Saar und Ruwer wurde, war ein wahres Tal der Tränen zu durchschreiten. Die Jahrzehnte zwischen 1800 und 1850 sahen einen spannenden Übergang von der Massenproduktion hin zum Qualitätsanbau, es war ein ähnlicher Prozess, wie er der Mosel noch einmal in den 1980er-/1990er-Jahren bevorstehen sollte.

In der alten Grundherrschaft hatte der Winzer keinerlei Anreize, die Qualität seines Produktes zu verbessern. Die Grundherren forderten ein Drittel bis die Hälfte des Naturalertrages. Um seinen verbleibenden Anteil überhaupt gewinnbringend vermarkten zu können, steigerte der Winzer die Erntemenge. Auch der damalige Handel mit obrigkeitlich diktierten Festpreisen förderte nur die Quantität. Das nächste Problem war, dass die Grundherren sogar die Lesetermine festlegten, unabhängig von den jeweiligen örtlichen Verhältnissen. Das führte zur heute unvorstellbaren Praxis, reife und unreife Trauben sowie Trauben verschiedener Sorten zusammen zu keltern. Mit zweifelhaftem Ergebnis.

Erst mit den ökonomischen Umwälzungen im Gefolge der Französischen Revolution, die von französischen Truppen bis an den Rhein getragen wurde, kam es zu einem grundlegenden Wandel im Weinbau. Die Versteigerung alten Klosterbesitzes durch die Franzosen ließ an der Mittelmosel große Weingüter entstehen. Hier begannen nun innovative Unternehmer mit süddeutschen Anbaumethoden zu experimentieren. Sie kelterten die ersten Qualitätsweine von der Mosel. Die Masse der Kleinwinzer jedoch blieb beim alten Stil, belohnt durch eine kurzfristige Hochkonjunktur unter dem Schutz preußischer Zollpolitik. Das weinarme Preußen stürzte sich auf den Moselwein, auch wenn er sauer schmeckte.

Die Winzer sonnten sich im Erfolg, ohne sich um eine Verbesserung der Weinqualität Gedanken zu machen. Diese Sorglosigkeit sollte sich bitter rächen, als Preußen 1828 ein Zollabkommen mit Hessen-Darmstadt schloss. Rheinhessenweine drängten auf den Markt, und der bislang genügsame Konsument von Moselwein lernte süffige, sonnenverwöhnte Weine guter Qualität kennen. Bis 1833 traten weitere deutsche Staaten dem Zollverein bei, sodass nur noch ausländische Weine mit Schutzzöllen belegt waren. Der Absatzeinbruch stürzte die Moselwinzer in Hunger und Not.

Kluge Köpfe erkannten, dass nicht allein Mildtätigkeit oder eine Steuerreform die Krise beenden konnten, sondern nur die Konzentration auf Qualität – nach süddeutschem Vorbild. Die Umstellung auf die Rieslingtraube wurde also weitergeführt und die in der Boomphase massiv ausgedehnte Anbaufläche wieder sinnvoll beschränkt.

Erst die Gunst der Natur verhalf dem Qualitätsgedanken endgültig zum Durchbruch. 1857 erbrachte einen außergewöhnlich guten Jahrgang, und weitere folgten. Händler reisten wieder an die Mosel und kauften fassweise qualitativ hochwertige Rieslingweine, zunächst auf den großen Gütern, dann aber auch bei Kleinwinzern, die ihre Bauweise umgestellt hatten. Lang aufgeschobene Investitionen und Innovationen wurden nun in Angriff genommen, Weinbau und Kellertechnik wissenschaftlich erforscht. Die Winzer erfuhren von den neuen Erkenntnissen in Weinbaufachschulen oder durch günstig zu beziehende Fachzeitschriften.

Damit war die Basis gelegt für die wahre Glanzzeit des Moselrieslings, der bald mit den exquisitesten Bordeaux-Weinen in einer Liga spielte. Mit Erstaunen stellten die Fachleute fest, dass um 1900 die Moselweine „die teuersten Weine auf den Weinkarten" darstellten. „Die Gäste jener Zeit bezahlten Preise für eine Flasche Steillagen-Riesling von Mosel, Saar und Ruwer, die zum Teil um das vier- oder fünffache über denen lagen, die im gleichen Restaurant für die hochwertigsten Grand Crus

Stundenplan der Landwirtschaftsschule *Bullay / Unterklasse*

für das Winterhalbjahr 1935/36.

(Verfügungsgemäß zum 15. Oktober j. J. einzureichen.

Uhr	Montag	Dienstag	Mittwoch	Donnerstag	Freitag	Samstag
Vormittags						
8⁴⁰ – 9²⁵	Chemie	Chemie	Chemie	Chemie	Chemie	Weinbau
9³⁰ – 10¹⁵	Boden	Viehhaltung	Boden	Viehhaltung	Viehhaltung	Schriftwerk
10²⁵ – 11¹⁰	Weinbau	Weinbau	Weinbau	Weinbau	Weinbau	Schriftwerk
11¹⁵ – 12⁰⁰	Schriftwerk	Rechnen	Bauernkunde	Rechnen	Bauernkunde	Turnen / Gesang
Nachmittags						
12¹⁰ – 12⁵⁵	Schriftwerk	Rechnen	Bauernkunde	Rechnen	Bauernkunde	
		Turnen		Bodenkunde		
		Turnen		Bodenkunde		

So sah der Stundenplan der Landwirtschaftsschule in Bullay für das Winterhalbjahr 1935/36 aus. Zu den Fächern zählte auch der Weinbau. Der Standort Bullay bestand seit 1899. Damals wurde die bereits 1882 vom Landwirtschaftlichen Verein für Rheinpreußen gegründete Landwirtschaftsschule von Lutzerath (Eifel) an die Mosel verlegt. Hier wurde bis 1989 unterrichtet. Heute ist die Berufs- und Fachschule für Weinbau in Bernkastel die einzige Weinbauschule an der Mosel.

aus Burgund veranschlagt wurden." (Moselwein zur Blütezeit, S. 8) Traben-Trarbach wurde in dieser Zeit zum zweitwichtigsten Weinhandelsplatz der Welt nach Bordeaux.

Es war ein Zeichen steigenden Wohlstands in Winzerhaushalten, dass man den selbst produzierten Wein auch für die eigene Küche verwenden konnte. In Hauswirtschaftskursen lernten die Winzerfrauen die bürgerliche Küche kennen. Mit dem erworbenen Wissen konnten sie einen Hausstand schaffen, der bodenständige Lebensweise mit gehobener Lebensart verband – noch heute das Ideal vieler junger Winzerfamilien an der Mosel.

Weincreme

Zutaten

für 4 Personen:

500 ml Riesling Spätlese halbtrocken

6 Eigelbe

160 g Zucker

20 g Speisestärke

Zubereitung

Alle Zutaten zusammen im Wasserbad in einer hitzebeständigen Schüssel mit dem Schneebesen verarbeiten. Dafür entweder eine Edelstahlschüssel oder einen kleineren Topf in einen mit Wasser gefüllten größeren Topf stellen, das Wasser soll sieden. Die Zutaten so lange aufschlagen, bis sich das Volumen verdoppelt hat. Portionsgläser oder eine Schüssel füllen und kaltstellen. Beim Garnieren sind der Fantasie keine Grenzen gesetzt, man kann neben einem Klecks Sahne auch Weintrauben, Kräuter oder dünne Schokoladenblätter verwenden.

Lese in Hatzenport im Jahr 1959. Die Trauben werden von den Lesehelferinnen in Eimern gesammelt und entweder direkt zur großen Bütte gebracht, oder erst dem Träger übergeben, der sie in der schweren Rückentrage, dem Bäschoff, zu Tal bringt – alles zu Fuß und mit der Hand, da eine mechanisierte Ernte in den Weinterrassen nicht möglich ist. Erleichterung bringen seit den 1990er-Jahren in vielen Lagen kleine Transportbahnen. Auch wenn heute viele Winzer dazu übergehen, die Trauben besonders schonend in Plastikboxen zu transportieren, ist dieses Bild noch nicht ganz ausgestorben.

◄ *Weinlese im Valwiger Herrenberg im Jahr 1936 mit beeindruckender Perspektive auf den „Arbeitsplatz Steillage".*

naus.

Ferienordnung für die Volksschulen

In den Schulen des Moselgebietes beginnen die Sommerferien am 27. Juli und enden am 17. August. Die Herbstferien dauern vom 29. September bis 25. Oktober. In den Höhengebieten sind die Sommerferien vom 27. Juli bis 21. August und die Herbstferien vom 18. September bis 10. Oktober. In der Stadt Cochem dauern die Sommerferien vom 27. Juli bis zum 3. September. Außerdem ist an acht weiteren Tagen schulfrei, deren Anfang und Ende sich nach der Weinlese richten. Das Schuljahr endet am 4. April 1952.

Die Ferienordnung für die Volksschulen an der Mosel im Schuljahr 1951/52. Die Regelung zeigt, dass Schulferien in jener Zeit nicht der Erholung der Kinder dienten, sondern ihre Mithilfe in der heimischen Landwirtschaft ermöglichen sollten.

Das Abfüllen des fertigen Weins bot die Gelegenheit zu einer kleinen Probe, dem Innehalten im Alltagsbetrieb und zu angeregter Fachsimpelei.

Knochenarbeit

Ein sonst kaum beleuchtetes Bild zeigt der Bericht von Robert Blachford Mansfield, einem britischen Ruderer, der 1851/52 die Mosel bereiste: „Die Art und Weise, in der das schwächere Geschlecht in diesem Land arbeiten muss, ruft im Geist eines Engländers beträchtliche Empörung hervor. Wir sahen kaum eine Frau im mittleren Lebensalter – sie schienen entweder noch Kinder zu sein oder frühzeitig gealtert. Sie müssen sich die steilen Weinberge hinauf quälen mit großen Körben (die aussehen wie ein Stuhl mit dem Sitz unten), gefüllt mit Dung, und von dieser Arbeit sind auch acht- oder neunjährige Mädchen nicht ausgenommen." (S. 26 f., Übs. Verf.)

5.3. Einkehr bei Mosella: Kulinarische Entdeckungen im frühen Mosel-Tourismus

Hochgestellte Kurgäste, die im 18. Jahrhundert nach Bad Bertrich reisen wollten, mussten auf dem Marktschiff von Koblenz nach Cochem mit einem Imbiss von Brot, Käse und kaltem Fleisch vorliebnehmen, eine vollwertige Mahlzeit wurde nicht serviert. Über das Angebot in den einfachen Gasthäusern entlang des Flusses erfährt man nichts Konkretes. Wahrscheinlich wurde am Tag nur ein Gericht gekocht und das übliche Trio von Wein, Brot und Käse ergänzte die Mahlzeit. Als Johann Wolfgang von Goethe 1792 die Mosel entlang reiste, machte er nicht nur bei der Familie Böcking in Trarbach Station, sondern auch in ländlichen Gasthäusern. Er beschreibt in der „Kampagne in Frankreich" seine Teilnahme am Feldzug der preußisch-österreichischen Koalition gegen das revolutionäre Frankreich. Seine Charakterisierung der Mosellandschaft ist aufgrund ihrer sympathischen Nüchternheit sehr lesenswert. So gibt er die abschätzigen Bemerkungen einer Wirtin über die Emigranten wieder, also die französischen adeligen Revolutionsflüchtlinge. Sie fanden vor allem im Kurfürstentum Trier Aufnahme und machten sich bei der einfachen Bevölkerung offenbar recht unbeliebt: „Wir landeten bei einem artigen Wirtshause, wo uns eine alte Wirtin wohl empfing, manches erduldete Ungemach beklagte, den Emigrierten aber besonders alles Böse gönnte. Sie habe, sagte sie, an ihrem Wirtstische gar oft mit Grauen gesehen, wie diese gottesvergessenen Menschen das liebe Brot kugel- und brockenweise sich an den Kopf geworfen, so daß sie und ihre Mägde es nachher mit Tränen zusammengekehrt." (S. 298)

Bis zur Mitte des 19. Jahrhunderts wuchs eine touristische Infrastruktur, die auch den zahlreich auf den Kontinent strömenden britischen Reisenden mehr oder minder adäquate Aufnahme sicherte. Englische *sportsmen* reisten 1851/52 mit ihren Ruderbooten auf den Kontinent, um die romantischen Flusslandschaften Deutschlands zu erkunden. Der Bericht von Robert Blachford Mansfield schildert ein Gasthaus auf der Marienburg – dieser schmale Burgberg ist auf drei Seiten von der Mosel umflossen. Die Aussicht sei so eigenartig wie schön, und zu Essen wurden dort allerlei gefülltes Geflügel und andere Tiere angeboten, auch Fische der Region, begleitet von einer Flasche guten Weins. Forellen und Junglachse werden als exzellente Moselfische besonders erwähnt. Mit der Gastlichkeit allgemein machten die Engländer

Trier – Immer schon eine Stadt mit Lebensart

Dass der wohlsituierte, weniger sportlich gesinnte Reisende in jener Zeit mehr erwartete, als lediglich gut zu speisen und zu trinken, zeigt der Abschnitt über die Trierer Restaurantbetriebe in Nikolaus Hockers Moselreiseführer aus dem Jahr 1855. Besonders hervorgehoben wird das Restaurant „Zum goldenen Stern" auf dem Hauptmarkt, es „verdient schon seiner Lage wegen empfohlen zu werden. Man findet dort vorzügliche Speisen und Getränke, Zeitungen, Billard, sowie zu jeder Zeit des Tages eine gewählte Gesellschaft."

Theodor von Haupt hatte schon 1822 von den Trierer Estaminets berichtet. Dabei handelte es sich um Weinschänken, die auch Speisen anboten und sich in einem „wahren Wettstreit der Eleganz" befanden: „Der Freund des Mosler Sorgenbrechers kann nun abwechselnd die Parforce-Jagd (bei Barthelmi in der Neugasse); die Schule von Athen (bei Fischer am Markte), und die Schweiz (bei Süß, Simeonsstraße), besuchen. Er findet in jedem dieser Lokale eine geschmackvolle Pariser Tapete, deren verschiedene Darstellungen jene Benennungen bezeichnen; Lüstres [Kronenleuchter], zierlichen Hausrath, schmackvolle Speisen, guten Wein, und viele Gesellschaft".1817 zählte die Trierer Statistik 43 Weinwirte, „12 Branntwein- und Trankwirthe", 4 Gastwirte und 2 Kaffeewirte (Quellen zur Geschichte der Stadt Trier in der frühen Preußenzeit, S. 343 f., 407).

Auch ein anderer Chronist jener Epoche lobte die Trierer Geselligkeit: Ernst von Schiller, der erstgeborene Sohn des berühmten deutschen Klassikers Friedrich Schiller. Er war von 1828 bis 1835 Landgerichtsrat am Trierer Landgericht und schilderte seiner Frau in einem Brief, worauf sie sich bei ihrem zukünftigen gesellschaftlichen und häuslichen Leben in Trier einstellen konnte: „Nun einiges über die hiesige Socität. Am vorigen Montag war ich zum Diner bei General Ryssel. (…) Das Diner war 24 Couverts [Gedecke] stark und glänzend. Der Gouverneur

sehr wechselhafte Erfahrungen. Als wahre Folterinstrumente empfanden sie die Betten, zu kurz allemal, die Laken zu schmal, die Federbetten erstickend, und wenn man sich ihrer entledigt, fröre man entsetzlich. Sehr wohl fühlten sie sich im „Drei Könige" in Bernkastel, wo man alles tat, auch den erkrankten Reisegenossen gesund zu pflegen. Das im Reiseführer sehr gelobte Hotel von Alf hingegen entpuppte sich als totaler Reinfall. Allerdings konnte ihnen der Apotheker von Alf wieder einige Erleichterung verschaffen, nachdem sie in Bad Bertrich zu reichlich vom glaubersalzhaltigen Thermalwasser genossen hatten. Nur der Kamerad, der sich stattdessen an Dunkelbier gehalten hatte, war vom Elend verschont geblieben. Die nächste Station war Cochem, wo das „Hotel Union" sie mit ihrem Schicksal wieder versöhnte.

von Berlin, Generalleutnant von Tippelskirch war die Hauptperson. – Vorgestern war ich auf einem Thé dansant [Hausball, bei dem Tee serviert wird] beim Präsidenten von Gärtner. Hier ist ein Jeder geachtet, wenn er sich gut beträgt. Es geht in solchen großen Cirkeln, wie sie nur Schmitz, Ryssel, Löbell, Mohr junior und von Gärtner geben, im Anfang recht vornehm her, dann etwas ungeniert. Es dauerte bis halb vier Uhr Morgens. (...) Die Damen putzen sich ziemlich, manche in mir fremdem Geschmack. Viel Spenzer [eng anliegende Ärmeljacke]. Im gewöhnlichen Ausgang trägt man weiße Schleier. In kleinen Cirkeln und Promenadenpartien arbeiten die Damen, d. h. sie stricken. Freitags von fünf bis sechs Uhr Abends gehen sie in die Wyttenbach'schen Geschichtsvorlesungen. (...) Mittwochs geht man im Sommer von 5–8 Uhr abends in Gilberts Garten, wo man Kaffee und Wein trinkt, Musik hört, raucht und strickt. Es ist eine große geschlossene Gesellschaft, wo eine Familie für den ganzen Sommer 2 Rth. 20 Gr. Abonnement zahlt. An anderen schönen Wochentagen gehen dann und wann Familien oder die Damen allein, welche die Gegend lieben, nach Wettendorfs Häuschen und genießen Kaffee oder Chokolade. Alle 14 Tage ist eine Kasino-Abendunterhaltung mit Damen, wo hauptsächlich getanzt wird. Am meisten aber besucht man sich en famillie, wenigstens einmal die Woche, d. h. bei guten Freunden. Da trinken wir Thee und Bier, spielen Whist, rauchen und stricken, und um halb neun essen wir Salat, Braten, Zunge, Käse und dgl. und trinken dazu Wein. Nach Tische wird noch eine Pfeife geraucht, und dann um zehn, halb elf Uhr nach Hause gegangen. Ein solcher Cirkel wechselt unter uns drei oder vier Familien. Das ist die Basis. Ich hoffe, daß Du diese Lebensweise, welche einfach und gesellig ist, gut finden und Dich dabei amüsieren wirst. Sämtliche Damen spielen auch. Auch das Vorlesen ist beliebt, wenn sich etwas Passendes und Interessantes findet." (Kentenich, S. 130 f.)

Das „Gasthaus Hutter" in Bremm. Wann die Aufnahme entstand, ist nicht bekannt.

Einen sehr detaillierten Bericht über die Einkehrmöglichkeiten und das Speisenangebot im 19. Jahrhundert verdanken wir dem US-amerikanischen Ingenieur George E. Waring jr., der die Mosel im August und September 1875 zusammen mit seiner Frau bereiste. Dabei legten sie weite Strecken bewusst im Ruderboot zurück, um näher an Land und Leuten zu sein. Ihr Reisebericht hebt sich auf diese Weise wohltuend von der Masse der Moselliteratur dieses Jahrhunderts ab, die vor lauter Schwelgen in Geschichte und Sage das Hier und Heute oftmals kaum wahrnimmt. So berichtet Waring über das „Hotel de France" in Nancy: „Dies ist übrigens ein ausgezeichnetes Beispiel eines französischen Provinzhotels, dessen Zimmer sich zu einem Innenhof öffnen, wo man in der ausgebauten gut eingerichteten Küche das Erbsenpellen und Geschirrspülen beobachten kann. Das Speisenangebot ist eigenständig und gut. Wir hatten zu Mittag Frühstücksfleisch von Schweinefüßchen, Stintlachs, Hammelkotelett mit Kartoffeln und andere (unbekannte Flesichsorten), dazu Flusskrebse, kaltes Huhn mit Salat, Törtchen und Früchte. Zum Abendessen um sechs gab es: 1. zwei Arten von Suppe, 2. Suppenfleisch mit Gurkensalat, 3. Kalbsbraten, 4. Entenragout, 5. Fisch, 6. Stangenbohnen, 7. Kompott, 8. Früchte nach Belieben und Kekse." (S. 14–16, Übs. Richard P. Ochs)

Das Frühstück nahmen die Warings in einem Café zu sich, „zusammen mit Marktfrauen und -mädchen, alles einfache, saubere, respektvolle und selbstbewusste Leute. Der Kaffee war vorzüglich und wurde mit Zucker und heißer Milch in Kännchen oder Suppentellern mit Löffeln serviert. Es war in der Tat eine Art von Kaffeesuppe, in welche man so viel Brot als möglich hineinbröckelte – gutes, gesundes und leckeres französisches Brot als solches. Der Preis betrug vier Sous (Cents) pro Portion. Die meisten Frauen saßen gruppenweise zusammen, kauften ganze Brotlaibe, die sie miteinander aufteilten und zahlten dann für ihren gesüßten Kaffee und Milch nur zwei Sous. Es gab nur einen einzigen Raum mit zwei Reihen von Holztischen und in einer Ecke einen hübschen Ofen aus glänzendem Eisen und Messing und spiegelnde Platten mit polierten Kupferkesseln, in denen Kaffee und Milch gekocht werden. Es war ein ziemlicher Gegensatz zu den Kaffeeständen am Washingtonplatz in New York." (S. 16) In Metz trafen die Reisenden bei ihrem Stadtbummel auf eine Pferdemetzgerei: „In dem hübschen Laden herrschte eine ansehnliche Französin über eine reiche Auswahl ganzer Hälften, Viertel und Steaks von Pferdefleisch." (S. 21)

Die erste Übernachtung in einem „richtigen Moselgasthaus" – so die Warings – erlebten sie in Schweich, im „Hotel Johannetges" (wahrscheinlich Johann Etges): „Hier gab es ein bequemes Abendessen mit Kalbsbraten, Wein und Selterwasser. Wir hatten gute Sprungfederbetten auf Mahagoni-Bettgestellen, perfekt saubere Leinenbettwäsche und die kleinste selbst für deutsche Waschgewohnheiten mögliche Waschschüssel. Reichlich weißes Tafelleinen, eine gute Bedienung, eine zuvorkommende Hauswirtin und ein unfehlbar guter Kaffee mit unserem geliebten Roggenbrot und Gelee beindruckten uns von Anfang bis Ende am Morgen und machten den Unterschied deutlich zwischen einem Moselgasthaus und einem gut berufenen Hotel in einer unserer östlichen Hochschulstädte, wo wir erst kürzlich eine Folternacht verbrachten und uns mit einem unmöglichen Frühstück herzumzuschlagen hatten." (S. 59 f.) Was die Waschschüsseln anbelangt, so war Waring auch amüsiert von den ovalen Puddingschüsseln, die im Moselkerner Halfenhaus zur Morgenwäsche der Gäste bereitstanden. Im Kontrast zu ihrem Heimatland fiel ihnen auch auf, dass in Deutschland bei Tisch geraucht wurde, und „die ständige Anwesenheit großer Rheinweinflaschen zu allen Gelegenheiten", womit weniger auf die konkrete Herkunft des Weines abgehoben wurde als vielmehr auf die charakteristische Gestalt der Flaschen. Ansonsten des Lobes voll, mussten sie doch auch ein überwürztes Kaninchen in Grevenmacher zur Kenntnis nehmen. Bei einem Abstecher in die Vulkaneifel bekamen die Warings im Haus Knod in Mehren einen Imbiss serviert, der unter anderem aus einem „ausgezeichneten" Omelette soufflée, Champagner und

Hier, im Gasthaus Deiss bzw. „Zum goldenen Anker" in Moselkern, wollten die Warings eigentlich übernachten. Der Wirt Josef Deiss ist im mittleren, unteren Fenster zusammen mit seiner Frau Theresia zu sehen. Deiss, geboren 1805, hängte seinen Schifferberuf an den Nagel und wurde ein beliebter und bekannter Moselwirt: Düsseldorfer Maler kehrten bei ihm genauso ein wie Arbeiter und Ingenieure, die ab 1875 zum Bau der Moselbahn in den Ort kamen. Josef Deiss wurden sogar literarische Denkmäler gesetzt, dabei wurden sowohl seine ehrwürdige Erscheinung als auch seine Kennerschaft für die besten Weine, sein Frohsinn und seine Gastlichkeit gelobt. Die Aufnahme entstand vor 1892, seinem Todesjahr.

Eine 1911 abgestempelte Postkarte von einer Moselreise mit einem Auto vor dem Gasthaus „Zur Burg Arras" in Alf.

Apollinaris-Wasser bestand. Sie waren voller Lob über das gut geführte Haus. „Zum Morgenkaffee gab es riesige Brötchen (jedes Dorf hat seinen erfahrenen Bäcker), ungesalzene Butter und ein schmackhaftes Gelee." (S. 86)

Sie fühlen sich in den Gasthäusern und Hotels der Region sehr wohl, im Hotel Maria Laach erwähnen sie ausdrücklich die „Demokratie und Freiheit unter den Gästen". Ein wenig zu viel dieser Qualitäten gab es wohl im berühmten Gasthaus „Zum goldenen Anker" (Deiss) in Moselkern: „Wir hatten schon von den altertümlichen Reizen von Deissens Gasthaus in Moselkern gehört. Aber es kam unglücklicherweise anders, als wir es von seinem guten Ruf gehört hatten und das Beste, was wir tun konnten, war, in einem in der Randlage unterhalb des Dorfes liegendem Hause Quartier zu beziehen und zum Essen in das kleine Gasthaus zu gehen, das wir von reisenden Gästen überfüllt und laut fanden durch die schnatternde Unterhaltung der Eisenbahnarbeiter, die hier übernachteten." (S. 98) Octavius Rooke, ein britischer Offizier auf Reisen, machte 1858 eine gegenteilige Erfahrung: „In all diesen Gasthöfen stellten wir fest, dass der Besitzer oder sein Beauftragter dachten, dass es notwendig wäre, dabeizusitzen und den Gästen Gesellschaft zu leisten, selbst wenn man nicht sprach." (Übs. Richard P. Ochs)

Das „wilhelminische Zeitalter" sah an der Mosel einen mit den Weinpreisen zusammen steigenden Wohlstand. Auch das Angebot für die Gäste steigerte sein Niveau. In exzellenten Hotels wie dem „Bellevue" in Trarbach – in reinem Jugendstil erbaut – wurde aufgetischt, wie es für diese Epoche des Wohllebens als standesgemäß galt. Doch diese Welt versank im Geschützdonner des nahe der Mosel gelegenen Verdun, wo sich 1916 Franzosen und Deutsche als erbitterte Feinde gegenübertreten mussten. Für die Versorgung mit Lebensmitteln hatte der Krieg einschneidende Folgen (siehe auch Kapitel 6), von denen auch Touristen betroffen waren. Heinrich Tiaden schildert eine Radtour entlang der Mosel im Kriegssommer 1917, mit frugal gefülltem Rucksack: „Wenn wir uns an so manche Rucksackfüllung früherer Zeiten erinnern, dann will uns wohl ein gar wehmütiges Gefühl beschleichen beim Anblick unserer jetzigen mageren Schätze. [...] Aha, da kommt das freundliche Mädchen mit dem Kaffee! Sogar ein Tellerchen mit Obstmus hat sie mitgebracht. Bald sitzen wir fröhlich schmausend – und ist der Kaffee auch schwarz, und gibts auch keine Wurst und keinen Käse, keine Milch und keine Butter, von Schinken und Eiern gar nicht zu reden, so schmeckt und unser Frühstück dennoch so gut, daß wir uns nicht vorstellen können, daß es uns früher jemals besser geschmeckt haben könnte. Das macht: unser Brot ist mit Bescheidenheit bestrichen und mit Zufriedenheit belegt, und mich dünkt, daß das deutsche Volk noch recht lange sein Brot mit diesen beiden Zutaten verspeisen muß." (S. 11) In Brodenbach mussten die Lebensmittelkarten gezückt werden: „Auf der Terrasse, hinter der grünen Wand, wurde uns das einfache, doch wohlschmeckende Kriegsmahl aufgetragen. Die Berechtigung, es

Die „Alte Thorschänke" in Cochem ist mit ihrem Interieur ein Inbegriff altdeutscher Gemütlichkeit. Die Postkarte wurde am 5. Oktober 1932 in Weinlaune beschrieben: „Nach jeder Pulle schmeckt der Mosel besser. Es ist 9 Uhr + Bachus verlangt schon wieder. Es ist 10 Uhr, eben wird die 5te Flasche angefahren", heißt es auf der Rückseite.

einzunehmen, wurde ordnungsgemäß durch Brot- und Fleischkarte dargetan. Nach dem Essen leisteten wir uns ein halbes Stündchen Ruhe bei einer Zigarre und einer Tasse Kaffee, prima Melange aus Korn und Zichorie, dann gings, diesmal nur mit Kamera, Skizzenbuch und Bergstock bewaffnet, ins Ehrenburger Tal hinein." (S. 25 f.) Dafür hatten die Wirte offenbar noch die besten Weine im Keller gehortet. Bezüglich des Weingenusses mussten die beiden Protagonisten der Moselreise keine Abstriche verbuchen.

Damals wie heute gilt, dass die Moselregion von den dicht besiedelten Stadt-regionen an Rhein und Ruhr aus gut zu erreichen ist. Felix Meyer veröffentlichte 1928 einen Reiseführer, der uns vor Augen führt, wie die bis heute beliebte Kurz-reise an die schöne Mosel entstanden ist: „Der Schwerpunkt liegt heute schon

Das „Gasthaus Lönartz" in Ernst ist ein typisches Beispiel für einen Moselbetrieb der 1950-/1960er Jahre. Zum „gutbürgerlichen" Haus gehörten ein „großer Saal, schöner schattiger Garten, eigener Weinbau, Weinversand" (Postkarten-Rückseite). Auch wenn der Gastraum mit seinen Wandfliesen etwas ungemütlich wirken mag, deutet das Klavier auf beschwingte Abende hin. Weiße Tischdecken und Hyazinthen auf den Tischen sprechen für die bürgerliche Tischkultur.

*Die Terrasse des „Weinhauses Andre" in Ernst, um 1980. Heute weckt das Ambiente
nostalgische Gefühle: geblümte Sonnenschirme, karierte Tischdecken, Wein
in Römergläsern – zwischenzeitlich alles rigoros abgeschafft. Was die Moden
überdauert, ist die Atmosphäre einer Moselterrasse mit Blick auf die Weinberge, in
denen der Tropfen gewachsen ist, der im Glas leuchtet.*

am Niederrhein und im Ruhrgebiet, aus dem sich das Gros der moselländischen
Wochenendler und Sommerfrischler rekrutiert." Es gehörte zum „modernen"
Lebensgefühl der 1920er-Jahre. „Ein wohlausgenutztes Wochenende in Gottes freier
Natur ist der beste Kraft- und Gesundheitsquell und erspart manch teure Badekur",
zitiert Meyer den damaligen Präsidenten des Reichsgesundheitsamtes. Zwar gab es
damals noch keinen gesetzlichen Urlaubsanspruch, doch war Urlaub für Arbeiter
und Angestellte in Tarifverträgen geregelt. Gerne wurden auch die „verlängerten"
Wochenenden der frühsommerlichen Feiertage genutzt. Sehr beliebt waren in den

1920er-Jahren Moselreisen mit dem Paddelboot. Über das Essen finden sich in den Moselreiseführern jener Epoche keine Bemerkungen. Man war in dieser Zeit froh, „bürgerliches" Essen auf dem Teller zu haben und stillte seinen Hunger auch mit Butterbrot und Erbswurst. Hauptsache, es gab genug Moselwein!

5.4. Obst und Nüsse: „alles in Hülle und Fülle und sehr preiswert"

Noch bis in die 1950er-Jahre war die Mosel ein Paradies für den Obstbau. Die tiefgründigen Böden des milden Flusstales eignen sich hervorragend zur Kultur von Obstbäumen. So wurden hier von alters her *Bungerte* (Baumgärten) angelegt. Vom römischen Obstbau leitet sich sogar der Name des Ortes Pommern ab. Er geht auf das lateinische *pomarium* (Obstgarten) zurück. Im 19. und 20. Jahrhundert waren die Streuobstwiesen landschaftsprägendes Element der Mosel. Hochstämmige Apfel- und Kirschbäume, kombiniert mit einer Wiesen- und Weidennutzung, trugen zum landwirtschaftlichen Spektrum der Region bei. Bekannt für ihre frühere Obstproduktion, die auch in der napoleonischen Zeit bewusst gefördert wurde, sind noch heute Orte wie Dieblich, Lay und Güls sowie Burgen an der Terrassenmosel und Wehlen an der Mittelmosel.

Bereits im Mittelalter war auch die Gegend um Trier ein kleines Obstparadies. Schriftliche Quellen und archäobotanische Untersuchungen geben Kunde von zahlreichen kultivierten Obstsorten: Apfel, Birne, Kirsche, Pflaume und Zwetschge. Bemerkenswert ist auch das frühe Auftreten von Roter Johannisbeere bzw. Stachelbeere in Trier im 13. Jahrhundert. Von den archäobotanisch analysierten Kernen her ist jedoch nicht genau zu unterscheiden, welche Art tatsächlich vorliegt. Die Funde stammen aus zwei Abfallgruben und einem Schacht im Bereich Wechsel- und Kuhnenstaße, aus dem letzten Viertel des 13. Jahrhunderts, und wurden untersucht von M. König. Beides wäre plausibel: Bei der Roten Johannisbeere handelt es sich um Beerenobst, das in seiner Wildform der „subatlantischen" Klimazone zugerechnet wird und in Frankreich, Belgien und Großbritannien auftritt. Die Kulturform der Roten Johannisbeere soll aus Nordfrankreich oder Belgien stammen. Stachelbeeren werden im französischsprachigen Kulturraum erstmals im 13. Jahrhundert schriftlich erwähnt. Die Belege zeigen erneut deutlich, wie sehr der Kulturraum der Mosel, namentlich die Mittelmosel, westlich orientiert ist.

Obstbau begleitet den gesamten Flusslauf von der Quelle zu seiner Mündung: Lothringen ist das Land der „goldenen Perlen", der Mirabellen. Immerhin 40.000 Tonnen werden in Lothringen jährlich geerntet, das sind 70 Prozent der weltweiten Mirabellenproduktion! Sie werden zu Likör und Bränden, Kompotten, Konfitüren und Sirup verarbeitet, aber auch zu Tee, Bonbons, Eis, Torten, Pasteten und Madeleines. Die lothringischen Mirabellen tragen das EU-Label „geschützte geografische Angabe". Es wird vermutet, dass der lothringische Herzog René von Anjou die Mirabelle im 15. Jahrhundert in der Region einführte.

Der Moselreisende George E. Waring schildert 1875 den Markt von Nancy: „Wir sahen noch ganz zu Ende des August die gewöhnlichsten Marktstände und Körbe überquellen von Erdbeeren, Himbeeren, Brombeeren, Stachelbeeren, Pflaumen vieler Arten und hervorragender Güte, Birnen, Pfirsichen, Äpfeln, Mandeln, Hasel- und Walnüssen und zahlreichen Traubensorten – alles in Hülle und Fülle und sehr preiswert." (S. 16, Übs. Richard P. Ochs) Auch das Obstangebot auf dem Trierer Markt beeindruckte die Warings: „Golden schimmernde und lilafarbige Pflaumen so groß wie Eier, grandios aussehende, aber fade schmeckende Pfirsiche, makellose Birnen bester französischer und belgischer Sorten, Äpfel und verschiedene Trauben (…)." (S. 56)

Der Brite Octavius Rooke beobachtet 1858 einen in Anbetracht der Fülle sorglosen Umgang mit dem Obst: „Die Kirschen sind hervorragend und so reichlich, dass Kinder sie oft zurückweisen, wenn man ihnen eine Handvoll anbietet, da sie sich vorher schon zu Hause reichlich damit eingedeckt haben. Gewisse Mengen werden auch verschickt und gehen den Fluss hinunter nach Koblenz und weiter den Rhein abwärts. In guten Jahren gibt es auch reichlich Aprikosen, die an gewöhnlichen Bäumen wachsen. Alle möglichen Gartenerzeugnisse gibt es in Fülle und Äpfel und Birnen fallen unbeachtet zur Erde." (S. 72, Übs. Richard P. Ochs) Dazu muss man wissen, dass die Moselbahn, die einen zügigen Export verderblicher Waren ermöglichte, erst ab 1875 gebaut wurde, und 1857 und die Folgejahre sensationell gute Weine erbracht hatten und die Winzer nach Jahrzehnten der Not auch einmal aus dem Vollen schöpfen konnten.

Die Luxemburger widmeten sich besonders dem Anbau von Birnen. Die Früchte wurden in Backöfen getrocknet, um sie haltbar zu machen, oder bereicherten als gekochte Birnen den Speiseplan. Diese *Kachbiren* (Kochbirnen) wurden dann von der Kartoffel verdrängt. Bis zum 18. Jahrhundert entwickelte sich der Hochstammobstbau zunehmend zu einer Erwerbsquelle in der Landwirtschaft. Nach der Hochphase des Birnenanbaus wurden auch hier vor allem Äpfel und in geringerem Maße Kirschen kultiviert, ab Mitte des 19. Jahrhunderts auch Pflaumen, Zwetschgen, Renekloden und Mirabellen. Welche wirtschaftliche Bedeutung der Obstbau an der Mosel hatte, zeigt auch der Eintrag in der Ortschronik von Ernst für 1884. Es wird berichtet, dass im September „alles Obst aufgekauft und nach England versendet" wurde. 1920 heißt es: „Obst gibt es reichlich und es steht hoch im Preis. Die Kirschen kosten 200 M, Zwetschgen 100 M, Äpfel 200 M, Walnüsse 400 M der Zentner." 1949 schreibt der Journalist Alfred Englaender in der „Rhein-Zeitung" über Ernst:

Ansicht von Ernst, aufgenommen vor der Flurbereinigung ab 1958. Das Ende des Obstbaus im Ort schildert der Autor der Ernster Dorfchronik, Joachim Barden, anschaulich: „Die geplante Flurbereinigung wird nun in die Tat umgesetzt. In den Wiesen unter dem Kammerforst, vom Bergweg bis zum Bruttigerberg werden die Obstbäume mit einer Raupe umgedrückt, das Gelände wird eingeebnet. Die alten Remmel (kleine Abhänge) und Wege verschwinden. Da diese Flurbereinigung eine der ersten in der Umgegend ist, stehen manche der Sache, wenn auch nicht ablehnend, so doch skeptisch gegenüber. Das Obstdorf Ernst gibt es nicht mehr." (S. 112)

„Es duftet über die Straßen nach Äpfeln, die Keller strömen Apfelatem aus und auf der Moselwiese stehen Kästen über Kästen mit Äpfeln, die über die Straße in die Keller gebracht werden sollen: [...] Man muß in dieser Pracht der Boskops, der Jonasäpfel, der Reinetten und Rabauen aber auch daran denken, dass die Äpfel auch Arbeit bringen. Und zwar viel Arbeit, bis in die späten Abendstunden hinein [...]."

Walnuss – Die römische Nuss

Bei Touristen ist die Mosel derzeit berühmt für ihre Walnüsse. Alljährlich im Herbst kommen Scharen von Touristen und ernten entlang des malerischen Flusses Walnüsse, als ob eine Hungersnot bevorstünde und sämtliche Bäume gemeinfrei wären. Das Wort „Walnuss" bedeutet soviel wie „welsche", d.h. fremd-ländische, den Romanen zugehörige Nuss. Nicht von ungefähr fühlen sich deshalb wohl auch die Moselaner der Walnuss besonders verbunden. In einer Landschaft, in der die Römer bis heute sichtbare Spuren hinterlassen haben, über die Völkerwanderungszeit hinweg, bewahrten die Moselaner ihre *Ness*. Die Nuss-bäume sind der Stolz der Dörfer.

Im Gegensatz zu heute wurden die Nussbäume früher auch bewacht, schließlich wurden die an den Bäumen hängenden Nüsse in vielen Gemeinden auch bereits im Sommer, in Ernst etwa zu Johanni (24. Juni) verstei-gert. In Senheim gab es einen eigenen „Nussschützen", der von der Gemeinde-versammlung gewählt wurde. Seine Aufgabe war es, die Bäume vor Diebstahl zu schützen (für die Haselnusshecken wurden dann im Herbst noch einige Nuss-schützen zusätzlich ernannt). Ein Teil der Walnüsse musste der Herrschaft abge-liefert werden, ein anderer Teil wurde von Händlern aufgekauft und exportiert. Nicht zuletzt ist auch das Holz der Bäume eines der kostbarsten Hölzer für den Möbelbau und andere Verwendungszwecke.

Es kommt uns heute wie Verschwendung vor, dass das gute, ernäh-rungsphysiologisch so wertvolle Walnussöl in den reichen Klöstern zur Beleuch-tung verwendet wurde und auch als Brennstoff für das seit dem 13. Jahrhundert in den Kirchen übliche Ewige Licht. Aber aus Abrechnungen der Verwaltung des Trierer Erzbischofs im 14. Jahrhundert geht auch hervor, dass mit Öl gekocht wurde – es war ein in der Fastenzeit akzeptabler, weil pflanzlicher, Fettlieferant. Zur Beleuchtung waren im herrschaftlichen Umfeld auch Wachs- und Talgkerzen gebräuchlich. Fasst man die sporadisch überlieferten Nachrichten zusammen, so ergibt sich, dass Öl eher im sakralen und pharmazeutischen Bereich genutzt und dort hochgeschätzt wurde, in der Küche allerdings eher Fette tierischer Herkunft favorisiert waren: Butter, Schmalz und fetter Speck.

Diese Halballee mit Nussbäumen in Brauneberg ist eine der längsten an der Mosel.

Denn zeitgleich beginnt schon die Weinlese, und zwar die der frühen Sorten, während der Riesling später gelesen wird. Englaender berichtet auch vom Mangel an Arbeitskräften und dass die Ernster in ihrem Dorfladen auch nach 20 Uhr abends noch einkaufen gehen können, wenn sie in der Erntezeit vorher nicht dazu kommen (Ausgabe Cochem, 8./9. 10. 1949). Da sage noch einer, das Leben auf dem Land sei früher so stressarm gewesen!

Die alten Streuobstwiesen konnten mit der modernen Obstproduktion nicht mehr konkurrieren und fielen in einer Reihe von Ortschaften der Kettensäge zum Opfer. Gerade der Weinbau-Boom der Wirtschaftswunderzeit führte dazu, dass der Obstanbau – wie auch der Ackerbau in der Tallage – in den 1950er-Jahren Schritt für Schritt zugunsten eines erweiterten Weinbaus aufgegeben wurde. Neben einer Vielfalt an spezifischer Flora und Fauna gingen damit auch alte Obstsorten beinahe verloren. Solche alten Sorten sind etwa der Duederer, eine große gelbe Eierpflaume, die im Schengener Dreiländereck verbreitet ist, oder die Luxemburger Renette, eine Apfelsorte, die bereits zu Beginn des 19. Jahrhunderts in Luxemburg entstand. Zum Export wurden der Luxemburger Rambour kultiviert, der Rote Eiserapfel, der Rote

Walnuss-Kekse

Zutaten

Zutaten für 10–12 große Kekse

100 g Walnüsse (ohne Schale)

125 g Butter

100 g Zucker

½ Päckchen
Bourbon-Vanillezucker

1 Ei

150 g Mehl

½ TL Backpulver

1 Prise Salz

bei Bedarf 1–2 EL Milch

Zubereitung

So viele Walnüsse knacken, bis man 100 g Nuss gewonnen hat. Die Nüsse anschließend fein hacken und die zimmerwarme Butter, Zucker, Vanillezucker und Ei mit den Knethaken des Rührgeräts in einer Schüssel verrühren. Dann die gehackten Nüsse und das mit Backpulver vermischte Mehl hinzufügen, ebenso die Prise Salz. Evtl. 1–2 Esslöffel Milch in den Teig geben, sodass es besser bindet. Der Teig ist an sich relativ fest, er soll zäh reißend von den Knethaken fallen. Mit einem Esslöffel Teigportionen auf das mit Backpapier ausgelegte Blech setzen und zu flachen runden Keksen (vergleichbar mit heutigen Cookies) formen, dafür den Löffel immer wieder in heißes Wasser tauchen. Bei 190 °C Umluft 12–15 Minuten backen.

und Weiße Trierer Weinapfel, der Winter-Zitronenapfel und viele weitere mit ebenso klangvollen Namen. Unter den Birnen waren die Pastorenbirne und Gellerts Butterbirne besonders beliebt.

Neben ihrem Rieslingwein und den Walnüssen besitzt die Mosel eine dritte Spezialität: den Roten Weinbergpfirsich. Weinbergpfirsiche gibt es in vielen Weinbaugegenden Europas – urtümliche, kleine und feste Früchte in vielen Variationen. Doch fast nur an der Mosel sind diese Früchte auch rot, wobei genau gesagt nur ihr Fruchtfleisch rot ist, die Schale hingegen ist mausgrau und stark flaumig behaart. Wie es zur Rotfärbung des Fruchtfleisches kommt, ist von den Experten noch nicht endgültig geklärt. Vermutlich handelt es sich um eine Laune der Natur, also um eine Genmutation, die bewusst selektiert wurde – wohl weil rotfleischige Früchte als etwas Besonderes gelten und die Menschen intuitiv davon ausgehen, dass rote Früchte am besten schmecken. Allerdings werden auch verschiedene Umweltfaktoren diskutiert, welche die Rotfärbung beeinflussen. So haben die Obstbau-Fachleute beobachtet, dass der Anteil der roten Farbe abhängig von Wasser- und Nährstoffversorgung, Sonneneinstrahlug und Baumschnitt schwanken kann.

Im frühen April überziehen die blühenden Weinbergspfirsiche das noch winterlich-triste Moseltal mit einem zarten Blütenhauch.

*Frisch geerntete Weinbergpfirsiche. Neben dem Aussehen ist auch der Geschmack
der Früchte urtümlich. Sie sind auffallend herb, dabei aber sehr aromatisch. Dafür
ist der Gehalt an Anthocyanen mitverantwortlich. Diese Pflanzenfarbstoffe bewirken
die Rotfärbung des Fruchtfleischs. Sie gehören zu den Flavonoiden bzw. zu den
sekundären Pflanzenstoffen, deren Wert für die menschliche Ernährung in den
letzten Jahren immer deutlicher hervortritt.*

Wir haben den Pfirsich in Mitteleuropa den alten Römern zu verdanken. Darüber
liegen sichere Nachweise vor, z.B. wurde in der römischen Siedlung von Dalheim/
Luxemburg ein Pfirsichstein gefunden. Aus dem antiken Mainz kamen in Schichten
bereits des ersten nachchristlichen Jahrhunderts Steine von Süßkirsche, Pflaume
und Pfirsich zutage. Offen ist nur, ob die Römer rotfleischige Pfirsiche kultivierten.
Bei den antiken Landwirtschaftsautoren wie Plinius d.Ä. und Columella findet man
keine entsprechenden Hinweise.

Auch für die folgenden Epochen bleibt seine Geschichte leider weitgehend im
Dunkeln. Er lag im Windschatten der seit der Frühen Neuzeit mit großer Akri-
bie und Sorgfalt betriebenen Obstbaumzucht. Im 18. Jahrhundert erwuchs daraus
die mit wissenschaftlichem Anspruch arbeitende „Pomologie", und ab dieser Zeit

erhalten wir auch ein paar Nachrichten über diesen speziellen Pfirsich, denn die Pomologen schimpften über die in ihren Augen bäuerliche, primitive Frucht. So schrieb der obstbaukundige Pfarrer Sickler 1798 im „Teutschen Obstgärtner" über den Weinbergpfirsich: „Diese Art ist von Natur so wild und elend, daß ihr herber, unreifer Saft gar keine Verbesserung annehmen kann." (Bd. 9, 1798, S. 197) Die Kultur des Pfirsichs wurde im 16./17. Jahrhundert, von Frankreich kommend, auf ganz Deutschland ausgedehnt. Die Gärtner des Adels, wohlhabende Bürger und Pastoren widmeten sich der Frucht, die als exquisite Leckerei galt. Die Gärtner stellte sie aufgrund ihrer Kälteempfindlichkeit vor geradezu sportliche Herausforderungen. Schnell hielten verschiedene Sorten Einzug, die sich bis um 1800 auf 50 Stück summierten. Und so findet sich in der „Oekonomischen Encyclopädie", die 1773 von J. G. Krünitz begründet wurde, 1809 auch die Beschreibung eines „Blutpfirsichs", dessen Charakteristik auffallend gut zum Roten Weinbergpfirsich passt: „Der Baum ist nicht groß, aber sehr tragbar, daher er häufig in Weinbergen angetroffen wird. [...] Die Frucht ist ziemlich rund, mit einer tiefen Furche versehen; die Haut zart, dicht mit Wolle besetzt von Farbe braunroth, bald heller, bald dunkeler. Das Fleisch ist zart, voll Saft, blutroth und schmeckt etwas bitterlich. Sie wird am liebsten zu Compots gebraucht, und reift im October." (Bd. 111, S. 252 f.)

Doch der Adelung des roten Kompottpfirsichs im Lexikoneintrag zum Trotz blieb die Pfirsichwelt zweigeteilt zwischen einfachen Weinbauern und ambitionierten Obstgärtnern. Das lässt sich sogar an den Dialektbezeichnungen ablesen. Das „Rheinische Wörterbuch" registriert auf der einen Seite den „nicht einheimischen", neuhochdeutschen *Pfirsich*, auf der anderen Seite „die ältere landläufige Spätsorte mit rot-schwärzlicher Haut u. rotem Fleisch", die mundartlich als *Pärsch, Pesch* usw. bezeichnet wird.

Die Winzer nutzten die Bäume früher ausschließlich für den Eigenbedarf und hielten eigensinnig bis ins 20. Jahrhundert an ihren *Peschen* fest. Erst mit den Flurbereinigungen ab den 1970er-Jahren schwand er rapide aus dem Moseltal und anderen Weinbaugegenden. Noch rechtzeitig erinnerte man sich der Frucht und erweckte sie zu neuem Leben. Es entstanden Vereine und Initiativen, die sich der fast vergessenen Frucht widmeten. Heute sorgt die „Interessengemeinschaft Moselweinbergpfirsich" für definierte Qualitätskriterien und einheitliche Standards (www.moselweinbergpfirsich.de). Die Ernte wird vielfach von den Erzeugern selbst zu ersten Grundprodukten wie Fruchtaufstrich, eingemachten Früchten im Glas und Mus verarbeitet. Brennereien stellen Brände und Likör her. Weitere Betriebe widmen sich der Entwicklung von exquisiten Produkten aus dem Weinbergpfirsich: Aperitif- und Balsam-Essig, Senf, Nektar, Gelly, Gelee, Schokolade, Pralinen etc.

6. Das 20. Jahrhundert

6.1. Altbewährtes und neu Gekauftes

Das, was unsere Vorstellung von „traditioneller Küche" prägt, ist die Landwirtschaft der Zeit um 1900. Egal, ob die Landwirte Selbstversorger waren oder Lebensmittel zukauften, Koch- und Speisegewohnheiten waren bestimmt von einem ganzen Bündel von ernährungsphysiologischen und hauswirtschaftlichen Gegebenheiten. Sie ließen die Küche von früher zu dem werden, was sie war: simpel, schwer und deftig.

Auf der Hand liegt, dass die körperlich schwer arbeitenden Menschen einen anderen Kalorienbedarf hatten als der Schreibtischarbeiter von heute. Bei körperlicher Arbeit sind stark fetthaltige Speisen eine effiziente Art, den Kalorienbedarf zu decken. Außerdem stellte die Ernährungswissenschaft fest, dass die gängige Kombination von Hülsenfrüchten und einer kohlenhydratreichen Beilage den Körper optimal mit Eiweißen versorgt – wichtig in fleischarmen Zeiten. So erklären sich traditionelle Gerichte wie Bohneneintopf mit Mehlwaffeln oder *Quetschekooche* (Zwetschgenkuchen), eine noch heute beliebte Beilage zur Suppe. Auch praktische Erfordernisse prägten die alte Hausmannskost: Gerichte aus Kohl und Kartoffeln, durcheinander gekocht und angereichert mit Speck und Zwiebeln, konnten auf dem Herd lange warmgehalten bzw. aufgewärmt werden, ohne dass sie ihren Geschmack nennenswert veränderten. Zur Arbeit in den Wingert nahm man „durcheinander" Gekochtes im *Kesselsche, Marmitje* oder *Permitje* mit, also in einem Geschirr aus übereinander gestellten Schüsseln (andernorts als „Henkelmann" bekannt). Auch dieses Essen war in erster Linie praktisch. *Gräwes* oder *Stambes*, also Kartoffelbrei mit Sauerkraut oder – von Ort zu Ort verschieden – grünen Bohnen ist ein typisches Henkelmanngericht, das auch in die Gastronomie Eingang fand.

Gräwes

Zutaten

för 6–8 Beilagenportionen

750 g Sauerkraut

2 Zwiebeln

100–150 g durchwachsener Speck

Butterschmalz zum Anbraten

125–250 ml Rinderbrühe, nach
Geschmack auch einen kräftigen
trockenen Riesling zum Ablöschen
mitverwenden

1 Apfel

1 Lorbeerblatt

einige Wacholderbeeren

1 kg Kartoffeln

Salz

Pfeffer

Zubereitung

Den Speck, die Zwiebeln und den Apfel in Würfel
schneiden, den Apfel anschließend beiseitestellen.
In einem Bräter oder großen Topf Butterschmalz
auslassen und Speck und Zwiebeln darin anbraten,
das Sauerkraut etwas zerzupfen und hinzugeben,
Brühe bzw. Wein angießen, dann Apfelwürfel,
Lorbeerblatt und Wacholderbeeren hinzufügen.
Das Kraut mindestens 30 Minuten schmoren
lassen. Währenddessen die geschälten Kartoffeln
25 Minuten gar kochen, danach abgießen und
zerstampfen. Alternativ kann man auch ein Püree
herstellen, dafür die zerstampften Kartoffeln mit
Butter und Milch zu einem fluffigen Brei rühren.
Die Kartoffelmasse zu dem Sauerkraut geben,
alles miteinander verrühren und noch einmal
durchkochen.

Wird serviert zu Eisbein oder Schweinerippchen, Kassler, Blut- und Leberwurst oder
– sehr beliebt in der Moselgastronomie – Zanderfilet.

*Auswahl von Küchengerätschaften aus dem 20. Jahrhundert im
Mittelmosel-Museum Traben-Trarbach.*

Ab dem ausgehenden 19. Jahrhundert hielten technische Neuerungen Einzug. Sie wurden ermöglicht durch eine bessere Verkehrsanbindung infolge des Eisenbahnbaus, ein höheres Einkommen – namentlich der Winzer dank guter Jahrgänge und Übergang zur Flaschenvermarktung –, Hauswirtschaftsunterricht und, nicht zuletzt, auch Reklame. Mithilfe von Weckglas und Konservendose konnte die eigene Ernte haltbar gemacht werden, ebenso Wurst und Fleisch des im Winter geschlachteten Schweines.

Für die 1920er- und 1930er-Jahre gibt es einen volkskundlichen Beleg aus Pantenburg bei Wittlich – in der Eifel gelegen, kulturell aber der Mosel zugehörig –, der über die Beschaffung der Nahrungsmittel außerhalb der Selbstversorgung Auskunft gibt. Demnach wurden im Geschäft gekauft: Salz, Zucker, Margarine, Kakao, Reis, Sago, Graupen, Nudeln und Wurst, Gewürze; zusätzlich kam einmal im Monat ein Heringshändler aus Bonn in den Ort. Das zeigt, dass der ambulante Handel damals noch eine wichtige Rolle spielte, nicht nur für Stoffe und Kurzwaren (Heizmann, S. 202). Erfindungen wie das Back- und Puddingpulver bereicherten nicht nur ganz grundsätzlich den Speisezettel, sondern führten auch zu neuen Gerichten und einer Anbindung bäuerlicher Haushalte an bürgerliche Essgewohnheiten. Als einziges Dessert war sonst nur das Kompott bekannt. Das praktische und nicht besonders teure Puddingpulver ermöglichte es auch der arbeitsüberlasteten Hausfrau, an einem Feiertag einen schnellen und wohlschmeckenden Nachtisch zu zaubern. Das dosiert abgepackte Backpulver erlaubte die Zubereitung eines duftig-lockeren Rührkuchens, eine willkommene Ergänzung zum damals vorherrschenden Hefefladen aus dem *Backes*, dem Dorfbackhaus.

Sehr sprechend ist auch die Darstellung der Mahlzeiten im Tageslauf, wie sie für die Zeit um 1900–1960 in einer Befragung durch Bonner Volkskundler erhoben wurde (Angaben für Pantenburg bei Wittlich und Alf direkt an der Mosel): Gegessen wurde vier bzw. fünf Mal am Tag, und zwar um etwa 7.30 Uhr, in der Schulpause, um 12.30 Uhr, um 16.00 Uhr und 19 Uhr. In Pantenburg begann der Tag morgens mit einem Hefeschnaps (*Häffe*) oder Trester vor dem Versorgen des Viehs, danach wurde gefrühstückt: „Bratkartoffeln, Malzkaffee, Quark, Brot, Butter oder Margarine, Apfelkompott, Marmelade, Gelee (alternativ)". In Alf ging es etwas bescheidener zu: „Kaffee und Brot mit Marmelade oder nur mit guter Butter, Käse". Zum zweiten Frühstück nahm die Familie das *Kaffeeblech* (Blechkanne) mit in den Wingert, und es gab wieder eine *Bottaschmea* (Butterbrot) mit guter Butter, Marmelade oder Käse.

Mittags aß man in der Wittlicher Senke „Suppe (Kartoffelsuppe in verschiedenen Ausführungen, u. a. auch ‚Falsche Bohnensuppe' = Suppe mit gewürfelten Kartoffeln), Haferflockensuppe, auch mit geräucherter Brühe, Wurstbrüh-Suppe mit Brot (geschnitten), wenn Schlachttag war. Eintopf (Erbsen, Linsen, selten Reis mit Huhn), Kartoffeln, gekocht, Waffeln, auch (selten) Kartoffelwaffeln (aus Kartoffelteig),

Pfannkuchen, Reibekuchen (Kartoffelkuchen), Buchweizenkuchen (‚Hedelich‘), Fleisch: Geräuchert, frisch nur bei Schlachtung (genannt ‚Grünfleesch‘), Heringe, auch Bratheringe – selten, Nudeln (selten), zeitweise selbst gemacht, Sauerkraut, verschiedene Gemüse (u. a. Wirsing, Weißkohlsalat, gedämpfter Weißkohl, saure Bohnen), Kartoffelpüree" – in Alf: *„Meddach* oder *12 Ouer"* warmes Mittagessen mit Kartoffeln, Gemüse oder Salat, Fleisch oder warme Wurst. Zu Trinken Flubbes (siehe S. 101).

Nachmittags standen auf dem Tisch: „Malzkaffee, Brot, Marmelade, Gelee, Apfelkompott, Butter, Quark, ‚Eierschmier‘ (Eier, Mehl, Wasser, Salz)" bzw. in Alf: „*Ver-Uhre-Steck* – 16.00 Uhr, zu Hause eine Tasse Kaffee und ein Butterbrot mit Marmelade, im Weinberg Kaffeeblech und Butterbrot".

Das Abendessen bestand in Pantenburg aus „Bratkartoffeln mit Speck oder Grieben, dicke Milch, selten Brot und Butter, ‚Eierschmier‘". Zu trinken gab es Malzkaffee, gekochte Magermilch, selten Vollmilch, Viez oder Saft und zu besonderen Anlässen Kakao. Für Alf wird angegeben: „Manchmal gab es Reste von mittags aufgewärmt. Manchmal gab es Bratkartoffeln mit Blut- oder Leberwurst. Oder es gab Wurstbrote, getrunken wurde Wein."

Neben dem Alltag gab es natürlich auch die Feiertage. Sonntags wurde zu Mittag Fleisch (geräuchertes Schweinefleisch, Rippchen oder Bauchlappen) und zum Nachtisch Pudding serviert, nachmittags selbst gebackener Kuchen. Auch der Schlachttag war ein kulinarisch besonderer Tag: in Pantenburg wurde mittags „Geling" gekocht, ein Gulasch aus den Innereien Lunge, Leber und Herz, und es gab Wurstbrühe. In Alf wurden am Schlachttag frische Blut- und Leberwürste hergestellt, die kleinen Kinderwürste heißen noch heute „Heinzelmann". Neben der *Wuuschtsopp* freuten sich alle auch auf das Wellfleisch, das ist das Bauchfleisch der frisch geschlachteten Schweine, das leicht gekocht wurde.

Das festlichste Essen war meist das Kirmesessen, zu dem auch die Verwandtschaft eingeladen wurde. Für Pantenburg ist folgendes Menu überliefert:

- Suppe aus Rinderbrühe und Sago
- eingewecktes Bratfleisch, dazu eingemachte Zwetschgen
- Salzkartoffeln
- Erbsen oder Rote Bete
- Pudding

Zu den Tischsitten wird in Alf bemerkt: „Wochentags und sonntags wurde in der Küche gegessen. An Feiertagen (Weihnachten, Ostern, auch Namenstagen) wurde in der ‚guten Stube‘ gegessen (Auch heute noch [1980er-Jahre]). Wochentags wurde aus den Töpfen auf die einzelnen Teller geschöpft und die Teller verteilt. Bei besonderen

Gelegenheiten wurde serviert. Sonntags stellte man die Kartoffeln, Gemüse, Fleisch, in Schüsseln auf den Tisch. Bei besonderen Gelegenheiten kam das gute Geschirr auf den Tisch. Zur Dekoration verwendete man Blumen aus dem eigenen Garten." Gegenüber diesen durchaus bürgerlichen Gepflogenheiten heißt es aus Pantenburg, dass dort morgens und abends die Bratpfanne mit den Bratkartoffeln auf den Tisch gestellt wurde und keine einzelnen Teller dazu gedeckt waren. Seltener wurde auch die Dickmilch in einer Schüssel auf den Tisch gestellt und jeder bediente sich mit seinem Löffel. Tischdekoration gab es dort nur bei Hochzeiten, und auch das Porzellangeschirr kam nur zu Kirmes und besonderen Festtagen auf den Tisch. Auch hier aß man nur zu Feiertagen, nicht jedoch sonntags in der guten Stube. Das Tischgebet war allgemein üblich. Auch die Sitzordnung bei Tisch gehorchte gewissen Regeln. Der Vater saß am Kopfende, die Mutter entweder am anderen Ende oder neben dem Vater. Dort konnten auch der älteste Sohn bzw. ein Gast sitzen. Dem Vater oblag es auch, Brot und Fleisch zu schneiden, wobei dem Brot traditionell vor dem Anschneiden ein Kreuz aufgezeichnet wurde, entweder durch Darüberstreichen mit dem Messer oder mit den Fingern. Die Mutter musste die Speisen auftragen und kam dann als Letzte an den Tisch (Heizmann, S. 204–210).

6.2. Vize vinum – Statt Wein: Flubbes und Viez

Zum deftig-einfachen Essen aus Eigenanbau kamen die entsprechenden Getränke. Da ist in erster Linie der Flubbes zu nennen. Werner Arbogast schildert in seinem Buch mit dem bezeichnenden Titel „Im Flubbes liegt Wahrheit", in dem er die schönsten „Steckelcher" (Anekdoten) des Cochemer Krampens versammelt, kurz und bündig, welche Rolle der Haustrunk im Leben der Moselwinzer spielte: „Früher wurde ‚guter Wein' nur zu besonderen Anlässen und maßvoll getrunken, so bei Hochzeiten, Kindstaufen, Geburtstagen – oder wenn die bucklige Verwandtschaft einen Besuch abstattete. Für den Eigenbedarf stellte man Flubbes her. Löschte hervorragend den Durst. Erst nach dem Konsum von einigen Litern konnte man in ‚Schwulität' kommen! Bei kalter Witterung stand der Fluppeskrug am Wingertsfeuer, so erhitzt, wärmte er Leib und Seele. Wenn einer einen guten ‚Zug' hatte, waren 2 bis 5 Liter am Tag keine Seltenheit." (S. 8) Im Winter wärmend, im Sommer kühlend, einfach und preiswert herzustellen – das zeichnete den Haustrunk aus.

Um Flubbes zu gewinnen, wurde der Tresterkuchen nach dem Pressen noch einmal aufgebrochen und mit Wasser versetzt. Nachdem das Ganze ein paar Tage gestanden hatte, wurde erneut gekeltert und, wenn man es sich leisten konnte, Zucker zugegeben. Das förderte die erneute Gärung, die der Flubbes in einem eigenen Fass durchlebte. Zum Trinken wurde in den *Bummes*, den Tonkrug, abgezapft.

Man kommt jedoch nicht umhin, sich gemeinsam mit dem Flubbes auch mit dem Thema „Arsenvergiftungen der Moselwinzer" zu beschäftigen. Der Zusammenhang war den Pathologen schon früh bekannt. Im Moselweinbau wurden ab den 1920er-Jahren recht intensiv arsenhaltige Spritzmittel verwendet. Erst 1942 kam es zum Verbot, was die Winzer nicht daran hinderte, ihre Restbestände noch aufzubrauchen. Auch wurden notwendige Arbeitsschutzmaßnahmen oftmals außer Acht gelassen, sei es aus Geldmangel, der eine Beschaffung der notwendigen Utensilien erschwerte, oder aus purer Ignoranz. Das Arsen lagerte sich in der Haut und in den inneren Organen derjenigen ab, die ungeschützt mit dem Stoff hantierten. Ärzte stellten in der Folge bei Moselwinzern überdurchschnittlich häufig Haut- und Bronchialkrebs fest. Das Problem beschäftigte die Pathologen, die Untersuchungen anstellten und mehrere Schriften dazu veröffentlichten. Denn es ging dabei auch um die Frage, ob die Krebsfälle als Berufskrankheiten anerkannt werden konnten. Doch das war schließlich nur bei 25 Prozent der Betroffenen der Fall, denn die Fachleute machten noch eine weitere, viel ausschlaggebendere Quelle für die Arsenbelastung aus: den Flubbes. Durch das Herstellungsverfahren, bei dem der arsenbelastete Trester erneut ausgepresst wurde, gelangte der Giftstoff in hoher Konzentration in den Haustrunk, der bei der dursttreibenden Arbeit im Sommer reichlich genossen wurde. Schon in den 1930er-Jahren stellten Untersuchungen des Flubbes Arsenwerte von 2–8,9 mg/Liter fest – der Grenzwert liegt heute für das Trinkwasser bei 0,01 mg/ Liter (Trinkwasserverordnung). Soziografisch aufschlussreich ist auch der Schwerpunkt der Arsenvergiftungen an der Unter- und Mittelmosel, denn den dort besonders häufigen Genuss von Flubbes werteten die Experten als „Abbild der dortigen ärmlichen Lebensverhältnisse" (Zimmer 2014).

Früher spielte Obstwein eine viel größere Rolle als heute, wo aus Trauben vergorene, „richtige" Weine aus aller Welt wohlfeil im nächsten Supermarkt gekauft werden können. Die Lust am alkoholhaltigen Getränk, das dem menschlichen Beisammensein ein Quäntchen mehr Gelassenheit und Frohsinn gibt, machte die Menschheit schon immer erfinderisch. Wenn es darum ging, die alkoholische Gärung in Gang zu setzen, wurde alles ausgetestet, was Zucker enthält. Die Römer stellten Obstweine aus Quitten, Äpfeln, Birnen, Granatäpfeln und Datteln her. Manche wurden vorwiegend zu medizinischen Zwecken verwendet. Man kann davon ausgehen, dass die einheimischen Treverer und die romanisierten Bewohner der vielen *villae rusticae* an jenen Orten des Moseltals, in denen der Weinbau noch nicht richtig in Fahrt gekommen war, ebenfalls Obstweine brauten – und das noch über Jahrhunderte: Aus archäobotanischen Funden in Verbindung mit Schriftquellen kann man den naheliegenden Schluss ziehen, dass in der Trierer Region im Mittelalter auch aus Maulbeeren und Schlehen Obstweine hergestellt wurden.

Flubbes – posca – lora: Der Erfrischungstrunk der Legionäre

Auch im Alltagsleben des „Gaius Normalrömers" spielte ein Weinersatzgetränk eine wichtige Rolle: die sogenannte *posca* (Essigwasser). Normales Trinkwasser wurde mit einem Schuss Essig gewürzt, um es hygienischer und bekömmlicher zu machen. Man kann den Geschmack dieses Essigwassers selbst ausprobieren, indem man etwas guten Aceto balsamico zusammen mit einigen Körnchen Salz in ein Glas Leitungswasser gibt. Folgt man nämlich dem Essigrezept des antiken Landwirtschafts-Fachmannes Columella, so hatten die Römer einen durchaus süßlich schmeckenden Essig. Zur Essigherstellung wurden 25 Liter überständigen Weins mit 323 Gramm Hefe, 80 Gramm Feigen, 0,55 Liter Salz und 0,15 Liter Honigessig verarbeitet. Einige heutige Autoren sehen in der *posca* den Vorläufer des moselanischen Flubbes. Das ist nur bedingt richtig. Marcus Junkelmann erklärt die Wortverwirrung um *posca* und *lora* schlüssig: „Manchmal setzt man *posca* mit *lora* gleich, einem billigen, schwach alkoholhaltigen Weinesatz, welcher dadurch entstand, daß man die bei der Weinherstellung ausgepressten Trauben (Trester) mit Wasser übergoß und nach 24 Stunden nochmals auspreßte. Die *lora* war nicht lange haltbar und schlug dann in Essig um. In diesem Zustand mag sie zur Zubereitung der eigentlichen *posca* benutzt worden sein." (S. 177)

Einen großen Ruf im Trierer Land hat der Viez, ein Apfelwein. Nach Ansicht mancher Moselkundigen geht er direkt auf keltische Traditionen zurück, doch handfeste archäologische Belege gibt es dafür nicht. Eher volksetymologisch dürfte auch die Herleitung des Wortes „Viez" aus *vice vinum* – „anstelle von Wein" – sein.

6.3. Von den Weltkriegen bis zum Wirtschaftswunder

Kriegswirtschaft und Rationierung ließen zweimal in diesem Jahrhundert Schmalhans den Küchenmeister werden. Da ist es nicht verwunderlich, dass die „gutbürgerliche Küche" zum Maß aller Dinge wurde.

Die Einschnitte in der Versorgung wurden im Lauf des Ersten Weltkriegs immer gravierender: Kriegsbrot miserabler Qualität, amtliche Verwaltung von Getreideernte und Hausschlachtung, Ablieferung von Eiern, Beschlagnahmungen von Obst und Nüssen und andere Maßnahmen machten den Menschen zu schaffen.

1918 erschien eine aufwändig produzierte Schrift, welche die „Kriegsarbeit der im Nationalen Frauendienste vereinigten Coblenzer Frauen" darstellt. Direkt mit dem Kriegsausbruch im August 1914 hatten sich die Koblenzer Frauenvereine zusammengeschlossen, um in patriotischer Begeisterung soziale Arbeit zu leisten. Gesammeltes Obst wurde in der Obstküche des Frauendienstes zu Konserven für die Lazarette verarbeitet.

In mehreren „Volksküchen" wurden gegen geringes Entgelt warme Mahlzeiten für Soldaten, Arbeiterinnen von Munitionsfabriken, Fuhrleute oder arme Mitbürger ausgegeben. Bis zu 1.000 Personen konnten täglich verpflegt werden.

*Angeboten wurden, solange die Versorgungslage es zuließ, Gerichte wie Rotkohl mit
Kartoffeln, Speckwürfeln oder Specksauce, Birnen mit Nudeln oder Kartoffelsuppe.*

*Der katholische und der evangelische Hausfrauenverband schlossen sich zum
„Coblenzer Hausfrauenverband" zusammen. Sie organisierten auch die Beschaffung
und Weitergabe von Lebensmitteln und eigneten sich besondere Kenntnisse
über Ersatzprodukte und Kriegsrezepte an. Verkauft wurden u.a. „Trockenei",
„Eispartabletten" und „Malbakkamehl", ein Kakaoersatz.*

Kochkisten sind mit wärmeisolierenden Materialien ausgekleidete Behälter, in denen Lebensmittel wie Kartoffeln oder Reis nach dem Ankochen fertig gegart werden. Sie helfen, Strom bzw. Brennmaterial zu sparen. Die Koblenzer Frauen organisierten einen Verkauf von Kochkisten und boten Kurse zum Bau an. Dazu wurden auch Hutschachteln und Koffer umfunktioniert und mit Holzwolle oder Heu ausgestopft.

Auch in Trier gab es „Kriegsküchen". Wie groß der Bedarf war, zeigt die Tatsache, dass noch im März 1917 zwei neue Ausgabestellen eröffnet wurden (Neustraße 61 und Thebäerstraße 34). Berechtigte mussten Wochenkarten lösen, um Essen ausgegeben zu bekommen. In einer Akte des Stadtarchivs (Trier, Sam 190/11) werden auch zwei handschriftliche Zettel aufbewahrt, die sich wahrscheinlich auf Lieferungen an eine solche Ausgabestelle in der Engelstraße beziehen, und zwar 670 Portionen Graupen mit Rindfleisch (27. März 1917) und 675 Portionen Reis mit Rindfleisch (7. April. 1917).

Im Zweiten Weltkrieg sollten sich Lebensmittelknappheit und Rationierung wiederholen. Zwar war die deutsche Bevölkerung während des Krieges durch die Raubzüge der Wehrmacht im übrigen Europa noch relativ gut versorgt, doch spricht etwa die Abendkarte der Trierer „Steipe" vom 8. Januar 1940 eine deutliche Sprache. Es ist ein kleines Alltagsrelikt, das in den Akten überlebte, weil auf der Rückseite Planskizzen gezeichnet sind, die im städtischen Bauamt archiviert wurden (Stadtarchiv Trier Tb 60/479).

So fällt zunächst ins Auge, dass im Restaurant für Fleischgerichte sowie Gerichte mit nennenswertem Fettgehalt oder Käse Lebensmittelmarken abgeliefert werden mussten. Bezogen auf die abzugebenden Marken lag die Portionsgröße an Fleisch oder Wurst bei jeweils nur 150 Gramm, was man heute als ausgesprochen mickrig betrachten würde. Als Beilage wurden ausschließlich Salz- bzw. Dampfkartoffeln angeboten, als Nachtisch lediglich „Frische Apfelstücke" zum Preis von 50 Pfennig. Salat ist auf der Karte hingegen oft zu finden, als Beilage, Gemischter Salat oder Salatplatte.

Hier die Rubrik „Eintopf und Tellergerichte", Preise in Reichsmark:

- Hasenlauf mit Rotkohl und Kartoffeln   1,50
- Kalbshirn mit Kräutertunke, Salat und Kartoffeln (150 g Fleisch)   1,85
- Schweinebraten garniert (150 g Fleisch)   2,00
- Lendenschnitte garniert (150 g Fleisch & 25 g Fett)   2,75
- Karotten oder Rotkohl mit Salzkartoffeln   0,80
- Bayerisch. Kraut oder Wirsing mit Salzkartoffeln   0,80
- Gemüseplatte mit Dampfkartoffeln (15 g Fett)   1,80

Lebensmittelkarte aus Ernst, ausgegeben während der französischen Besatzungszeit nach dem Zweiten Weltkrieg. Die Rationierung bzw. Bewirtschaftung von Lebensmitteln wurde in den beiden Weltkriegen durchgeführt, damit auch sozial und wirtschaftlich schwächere Bürger weiterhin Lebensmittel des Grundbedarfs erwerben konnten. Es sollte vermieden werden, dass Bessergestellte die Geschäfte leerkauften.

Nach dem Zweiten Weltkrieg war auch die Moselbevölkerung aufs Hamstern und Schwarzschlachten angewiesen, um zu überleben. Bis zum Frühjahr 1949 wurden Grundnahrungsmittel bewirtschaftet. Die Lebensmittelkarten und die darüber ausgegebenen Zuteilungen wurden penibel verwaltet. Darüber sind im Stadtarchiv Trier zahlreiche Unterlagen erhalten (Tc 38/14). So zählte das Kreisernährungsamt Trier-Stadt im März 1949 insgesamt 69.566 „Normalverbraucher", 868 Teilselbstversorger, die auf eigene Butter, Fleisch und/oder Getreide zurückgreifen konnten, und 559 Vollselbstversorger. Bei den Normalverbrauchern wurde unterschieden zwischen dem eigentlichen Normalverbraucher, „Gemeinschaftsverpflegung mit Normalration" und „Ausländern (Normalration)". Zusätzlich zur „Gemeinschaftsverpflegung mit Normalration" gab es Empfänger, die in Krankenhäusern, Tuberkulose-Heilanstalten und Internaten verpflegt wurden. Spezielle „Zusatzkarten" standen Schwerarbeitern und werdenden sowie stillenden Müttern zu. Was den Nährstoff- bzw. Kalorienbedarf anbelangt, wurde generell unterschieden zwischen Säuglingen und Kleinkindern, Kindern, Jugendlichen usw. Wie ausgefeilt die Verwaltung war, zeigt auch die Tatsache, dass eigene „Mahlkarten" herausgegeben wurden, um zu kontrollieren, wie viel Getreide die Bauern für eigene Zwecke mahlen ließen, und Zusatzkarten für Selbstversorger mit Eiern. Interessant ist auch die Zahl von 6.992 Personen, die in 21 Werksküchen mit Fleischzulage verpflegt wurden. Um die Angestellten leistungsfähig zu erhalten, bemühten sich die Betriebe um ein stärkendes Kantinenessen.

Da die Nahrungsmittelknappheit dazu führte, dass auch Kinder häufig hungrig zur Schule geschickt werden mussten, gab es regelmäßige Schulspeisungen (in Trier bis 1952). Aus den Akten (etwa Stadtarchiv Trier T 19/0799 ff.) geht hervor, dass neben den Volksschülern auch die Schüler weiterführender und berufsbildender Schulen mit Schulspeisung versorgt wurden. Auch in diesem Bereich wurde alles genauestens verwaltet. Die Schulleitungen mussten die benötigten Portionen wochenweise an das Ernährungsamt der Stadt melden, und noch das letzte Kilo Mehl, das an die Bäcker zum Backen von Spitzwecken ausgegeben wurde, ist gewissenhaft verbucht.

Der Speiseplan für die Stadt Trier sah vom 3. bis 14. Juli 1950 zum Beispiel vor:

Reis mit Trockenfrüchten	MO	Schokolade (Tafeln)
Nudeln mit Fleisch	DI	Hülsenfrüchte mit Fleisch
Kakao	MI	Zuckerwecken mit Marmeladenfüllung
Grieß mit Rosinen	DO	Nudeln mit Fleisch
Kakao	FR	Kakao

Obwohl der Samstag damals noch regulärer Schultag war, gab es an diesem Tag offenbar keine Speisung.

Auszug aus einem sorgfältig geführten Haushaltsbuch aus Moselkern im Jahr 1952. Es handelte sich um einen Angestelltenhaushalt mit eigenen Hühnern. Ein Kühlschrank war noch nicht vorhanden, Verderbliches wurde in der „dunklen Kammer", in Bruchsteingemäuer, gelagert. Regelmäßig eingekauft wurden Brötchen, Graubrot, Pumpernickel und Zwieback, Obst und Gemüse, Milch, Butter und Margarine. Kaffee schlug mit 7,50 DM das halbe Pfund zu Buche. Wer sich das nicht leisten konnte, musste geschmuggelten Kaffee organisieren oder auf „Muckefuck" zurückgreifen. Gelegentlich wurde ein Kuchen gebacken oder Pudding gekocht, Teilchen oder Berliner beim Bäcker gekauft. An Fleisch und Wurstwaren sind gebucht: Mettwurst, Bratfleisch, Roastbeef, Ochsenschwanz, Zunge, Kalbfleisch, Schinken, Plockwurst, Leberwurst. Die Kartoffeln zum Einkellern waren im November 1951 ein Posten von 36,70 DM, sie wurden von einem Bauern vom Maifeld geliefert. Zu dieser Zeit gab es in Moselkern drei Lebensmittelgeschäfte, drei Bäckereien, drei Metzgereien, ein Schreibwarengeschäft und eine Drogerie mit Fotoservice.

Erst im Frühjahr 1949 lief die Bewirtschaftung von Grundnahrungsmitteln aus. Butter und Zucker waren am längsten rationiert, wurden ab Januar 1950 aber frei verkauft, wobei die Händler sich nur noch nach einem amtlich festgesetzten Höchstpreis richten mussten. Die Bevölkerung holte in Anbetracht der entspannteren Lage die Lebensmittelmarken gar nicht mehr bei den Ämtern ab, obwohl sie dort noch bereit lagen. Der „Trierische Volksfreund" berichtete am 8. Juli 1949 vom Eintreffen einer Lieferung Bananen von Guadeloupe: „Seit 1939 gab es diese schmackhaften Früchte in Deutschland nicht mehr. So ist es verständlich, daß unsere Jüngsten, sagen wir bis zu 14 Jahren, Bananen nicht kennen. Eigentlich war die kostbare Fracht nur für die Bizone bestimmt [also die britische und US-amerikanische Besatzungszone]. Der Initiative einiger Trierer Firmen ist es zu danken, daß eine respektable Ladung an die Mosel kam." (zitiert nach Rheinland-Pfalz 1947–1962, Dokumente der Zeit, S. 104)

Lebensmittel Klotz in Ernst wurde 1965 eröffnet und bot alles, was der Haushalt braucht, auf kleinstem Raum. Bis in die 1980er-Jahre gab es diese Läden. Man durfte anschreiben lassen und auch nach Ladenschluss noch klingeln, um eine vergessene Kochzutat zu holen. Die Läden wurden meistens von Frauen geführt, die nebenher noch ihren eigenen Haushalt und Kinder versorgten.

Lebensmittelangebot und Einkaufsverhalten änderten sich – wie im Rest des westlichen Europas – auch hier durch den Einzug der Supermärkte. Noch in den 1970er-Jahren gab es in den Moseldörfern jeweils mehrere Kaufläden und Bäckereien. Letztere lieferten ihren Kunden frühmorgens die Brötchen. Metzger trafen sich am Montagvormittag am Stammtisch, um sich Mut anzutrinken, bevor sie auf den Hunsrück fuhren, um den dortigen Bauern Schlachtvieh abzukaufen („Hunsrücker Leut – gescheite Leut", sagt man an der Mosel). Von dieser in regionalen Kreisläufen funktionierenden Wirtschaftsweise profitierten auch die Touristen.

Für die Gäste nur das Beste

Die 1920 geborene Hildegard Gietzen betrieb in Moselkern zusammen mit ihrem Mann von der unmittelbaren Nachkriegszeit bis in die 1980er-Jahre einen typisch moselanischen Doppelbetrieb: Weinbau mit Weinhandel sowie ein Hotel garni mit zwölf Betten. Dazu zog sie vier Kinder groß. Das Ehepaar wurde durch mehrere Beschäftigte unterstützt. Im Pensionspreis war Vollpension enthalten, die Getränke wurden separat berechnet. Frau Gietzen schildert im Interview die Zeit der 1950er- und 1960er-Jahre.

Der Tag begann mit dem Frühstück, für das ein örtlicher Bäcker die Brötchen lieferte, drei Stück für 10 Pfennig. Dazu gab es gute Butter und selbst gekochte Marmelade, sonntags ein Ei und Wurst, ansonsten Wurst oder Käse, jeweils ein paar Scheiben, also kein üppiges Programm – „So war das früher", sagt Frau Gietzen. Zu Trinken gab es jedenfalls echten Bohnenkaffee oder Tee, dazu Milch und Zucker, wobei die Milch von den eigenen Kühen stammte, die nebenan im Stall standen und zwei Mal am Tag gemolken wurden. Für den Mittag wurde in einem 14-Tage-Turnus gekocht. Vorweg gab es eine Suppe, etwa eine klare Brühe mit Nudeln oder Markklößchen. Um die Brühe selbst herzustellen, wurden Knochen immer wieder ausgekocht und die Brühe dann auch als Grundlage für eine Tomaten- oder Grießsuppe verwendet. Dann folgte der Hauptgang mit Fleischgericht (darunter auch Leber, Zunge), Hähnchen oder Fisch. Das Fleisch stammte vom Metzger am Ort. Als Beilage gab es Gemüse aus dem eigenen Garten: Kohl, Kohlrabi, Möhrchen, Salat. Was nicht im Garten wuchs, wurde im Ort eingekauft oder über Vertreter bezogen. Es wurde auch immer ein Nachschlag angeboten. Mittags aßen Familie und Beschäftigte dasselbe wie die Gäste. Wenn Familienmitglieder und Beschäftigte in den Weinbergen arbeiteten, wurde ein Eintopf gekocht und während der Arbeit im Freien verzehrt. Viele Gäste liebten es auch, zur Lese mit in den Wingert zum „Gucken" zu gehen und dort auch den Eintopf zu essen. Als Nachspeise plante die Hausherrin abwechselnd Pudding, Eis, Obst oder Gebäck. Auf Bestellung und Extrazahlung konnten die Gäste nachmittags auch Kaffee und Kuchen bekommen. Abends gab es Brot und Kalte Platte, abwechselnd mit – jeweils ein Mal wöchentlich – Bratkartoffeln mit Rührei, Kartoffelsalat mit Würstchen und Heringssalat. Alle Salate waren selbstgemacht, fertig im Großhandel zu kaufen gab es sie noch nicht. Wichtig war Frau Gietzen, dass es jeden Tag etwas anderes gab, und sie konnte befriedigt feststellen: „Gäste haben sich das aufgeschrieben. Es hat ihnen gut geschmeckt." Sie unterstreicht, dass man nach dem Krieg froh war, wieder gut und bürgerlich essen zu können.

Die Hotel-Pension Gietzen-Weckbecker
in Moselkern zeigt sich in den
1960er-Jahren festlich geschmückt für die
Fronleichnamsprozession.

Frau Hilde Gietzen betrieb
die Pension gemeinsam mit
ihrem Mann. Hier ist sie als
Hauswirtschaftsschülerin zu sehen.

Dann kam die neue, bunte Warenwelt, die sich explosionsartig ausbreitete. Prospekte offerierten Sonderangebote, denen keine sparsame Hausfrau widerstehen konnte. Zu den Weckgläsern und Konserven gesellten sich im *Spind*, der Vorratskammer, nun Großpackungen und fixe Tütchen. Doch bis heute gibt es die Hausfrauen vom alten Schlag, welche die Kochkunst hochhalten. Sie kochen Lieblingsgerichte, die Vorfreude auslösen: „Heute gibt es bei uns *Kribbelchen* (Reibekuchen)", wird etwa auf der Arbeit erzählt, und den Kollegen läuft selber das Wasser im Mund zusammen. Sonntags wird ein Braten vom heimischen Wild zubereitet, dazu schmoren die Knochen, welche die delikate Soße liefern, während im Ofen bereits der Kuchen backt. Und selbstverständlich werden die Klöße selbst gemacht!

Die zwei folgenden Gerichte werden bis heute bei besonderen Anlässen gepflegt und zelebriert.

Tresterfleisch

Trester wird aus den vom Keltern zurückgebliebenen Traubenresten gebrannt – heutzutage wird er als „Mosel-Grappa" gerühmt. Den Namen verdankt das Fleisch seiner ursprünglichen Zubereitungsart. Der Topf mit dem vorbereiteten Fleisch wurde beim Brennen im Kessel gehängt und so sanft von Tresterschwaden durchzogen.

Zutaten

für 6 Personen

2 kg Schweinenacken

1 Liter Fleischbrühe

1 Flasche trockener Riesling

2 Schnapsgläser Trester

3 Zwiebeln

1 Esslöffel Wacholderbeeren

1 Lorbeerblatt

3–4 Möhren

1 Stange Lauch

1 Knoblauchzehe

Salz

Pfeffer

Zubereitung

Die Zwiebeln in Ringe schneiden. Aus Brühe, Wein und Trester einen Sud zubereiten und das Fleisch zusammen mit den Zwiebelringen, Wacholderbeeren und Lorbeer sowie Salz 1–2 Tage einlegen.

Das Fleisch wird dann zusammen mit dem Sud gekocht. Vor dem Kochen die Möhren und den Lauch in Würfel bzw. Ringe schneiden, den Knoblauch fein hacken. Alles mit in den Topf geben. Verwendet man einen Bräter, kann man das Tresterfleisch bei 180 °C im Backofen garen, ansonsten auf dem Herd. Die Garzeit liegt in jedem Fall bei 2 Stunden. Das Fleisch wird mit dem Sud im Suppenteller serviert, dazu gibt es Brot.

Engelporter Pudding

Das Rezept hat seinen Namen vom ehemaligen Oblatenkloster Maria Engelport im Flaumbachtal von Treis. Es soll auf die Kochkünste der dortigen Küchenbrüder zurückgehen und ist im ganzen Umland von Treis-Karden der äußerst beliebte Abschluss eines Fest- oder Kirmesessens.

Zutaten

für 4 Personen

500 ml Milch

2 Eigelbe

50 g Zucker

1 Prise Salz

30 g Speisestärke

Mark von einer halben
Vanilleschote

200 g Schlagsahne

50 g Schokosplitter zartbitter

1 Schnapsglas Rum

Zubereitung

Die Vanilleschote halbieren und das Mark auskratzen. Zusammen mit der Milch, den Eigelben, Zucker, der Stärke und einer Prise Salz in einen Topf geben. Alles mit einem Schneebesen gut verrühren und kurz aufkochen lassen, dann etwa eine Minute kochen lassen, bis die Stärke bindet. Den Pudding in eine Schüssel füllen und vollständig abkühlen lassen, sonst schmelzen später die Schokosplitter. Wer keine Puddinghaut mag, nimmt sie vor der Weiterverarbeitung ab, ansonsten kann sie im nächsten Schritt untergerührt werden. Anschließend die Sahne schlagen und zusammen mit den Schokosplittern unterheben. Zum Schluss vorsichtig den Rum unterheben.

7. Ausblick

Ein neuer Frühling für den Wein und die Moselgastronomie

Auch an der Mosel wurde, wie im übrigen West- und Mitteleuropa, die über Jahrtausende der Scholle verhaftete Lebensweise von der globalisierten Industrie- und Dienstleistungsgesellschaft abgelöst. Das Gros der Lebensmittel kommt vom Discounter. Aber wohin führt der Weg in der Zukunft, wirft doch die Massenproduktion von pflanzlichen und tierischen Lebensmitteln immer drängendere ökologische und soziale Probleme auf?

Werfen wir noch einmal einen Blick in die jüngere Vergangenheit: Mit dem Massentourismus erlebte die Moselgastronomie ihren Niedergang. Busladungen voller Ausflügler, Sonderzüge voller Kegelbrüder und –schwestern fielen ab den 1960er-Jahren in die Moselorte ein. Der Anspruch richtete sich mehr auf die Quantität denn auf die Qualität von Essen und Trinken. Dem herrschenden Zeitgeschmack entsprechend landeten panierte Schnitzel und Pommes, ausgelaugte Gemüse in dicker Mehlschwitze, Kroketten und Petersilienkartoffeln auf den Tellern. Zum Schoppen in den Weinlokalen und Straußwirtschaften wurden Schnittchen serviert, bei denen das Mischbrot unter einer dicken Decke von Belag verschwand, garniert mit Cornichons, Salzbrezeln und Paprikapulver. Wem diese Küche im Stile „Eiche rustikal" zuwider war, der musste auf die italienische, griechische oder chinesische Küche ausweichen.

Mitte der 1980er-Jahre erschütterte dann der Glykolwein-Skandal auch die Mosel. Damals hatten einzelne österreichische und deutsche Winzer Weine illegal mit dem Frostschutzmittel Diethylenglykol versetzt, um sie geschmacklich zu verbessern. Wie so oft bei Lebensmittelskandalen gerieten auch Unschuldige in Verruf und hatten unter der entstandenen Vertrauenskrise zu leiden. Das Ereignis, von dem die Mosel streng genommen nur marginal betroffen war, legte den Finger in eine Wunde: die Wunde sinkender Weinqualität, schwindender Authentizität durch Umstellung auf Neuzüchtungen, unglückliche Reform der Weinlagen 1971 und rabiate Flurbereinigung. Es kam zur Aufgabe vieler Weinbaubetriebe, Zukunftsangst machte sich breit.

Doch die Gegenbewegung ließ nicht lange auf sich warten. Inzwischen hat der Mosel-Riesling seinen alten Weltruhm wiedererlangt. Bestens ausgebildete Winzerinnen und Winzer stellen Weine her, die ihresgleichen suchen und ihre Produzenten wieder zu ernähren vermögen. Parallel dazu kam ein neuer Aufbruch in der

Es geht aufwärts an der Mosel! Weinberg bei Lehmen.

Gastronomie. Bereits Ende der 1980er-Jahre gab es Weinschänken, die das altdeutsche Mobiliar entsorgten und ein neues, landestypisches Ambiente schufen, mit schlicht abgebeizten Holztischen vom Trödel und Deko aus Schiefer und knorrigem Rebholz. Der Wein wurde nun in puristische, langstielige Gläser eingeschenkt, zu essen gab es dazu eingelegten Weinkäse, „Gerupften" (Frischkäse mit ordentlich Knoblauch) oder Rieslingsuppe. Die vielen Pionierinnen und Pioniere der Moselgastronomie agieren nicht im Verborgenen, sondern werden wahrgenommen, etwa im Zusammenschluss der „Köche und Winzer der Terrassenmosel" oder als Autorinnen und Autoren von Kochbüchern. Der gesamte Kultur- und Naturraum der Mosel wurde kulinarisch neu durchleuchtet, Großmütter wurden nach ihrem alten Wissen gefragt. In der Folge wurde nicht nur der Weinbergpfirsich neu entdeckt und vor dem Aussterben gerettet – es wird mit Majoran und Thymian gewürzt, Kräutern, die in den Wingerten wild wachsen. Wein und Traubenkernöl geben den Gerichten geschmackliche Substanz, Quitten und Trauben verleihen Fleischgerichten eine fruchtige Note – die entfesselte Kreativität der Landfrauen und Köche kennt keine Grenzen! Um die nachhaltige Sicherung unserer Ressourcen bemühen sich Biowinzer, aber auch Imker, Jäger und engagierte Vordenker. Zum Beispiel werden brachliegende Weinberge den klimatischen Gegebenheiten entsprechend als Anbaufläche für Lavendel neu genutzt. So wird es auch für die Mosel eine genussreiche Zukunft geben.

Danksagung

Meinen Dank schulde ich allen, die mir bereitwillig Abbildungen zur Verfügung gestellt haben. Besonders erwähnen möchte ich Herrn Joachim Barden aus Ernst, Frau Dagmar Möntenich aus Moselkern für die Überlassung von zwei Kochrezepten, und Herrn Dr. Christof Krieger vom Mittelmosel-Museum Traben-Trarbach, der sich besonders für Auswahl und technische Bereitstellung des Titelmotivs engagiert hat.

Bildnachweis

Mittelmosel-Museum, Traben-Trarbach: Einband vorn;

Ingeborg Scholz: Vorsatz, Nachsatz, Einband hinten, S. 4, 6, 8, 11, 12, 23, 25, 26, 27, 36, 49, 51, 53, 54, 56, 68, 70, 71, 92, 94, 95, 116;

Römische Villa Borg: S. 19, 20, 21;

Foto: Markus Kroth, Bildrechte: Gerhard Schommers, St. Aldegund: S. 31;

Dieter Ritzenhofen, Münstermaifeld: S. 35;

Burg Pyrmont, Roes: S. IV, 39, 41;

© LHA KO/Otto Lohausen: S. 45, 75;

Ingeborg Scholz (Mittelmosel-Museum Traben-Trarbach): S. 61, 62, 63, 98;

Landkreis Cochem-Zell, Kulturarchiv: S. 73, 80, 83;

© LHA KO/Hildegard Steuer: S. 74;

Familie Gietzen, Bedburg/Cochem: S. 76, 112 (rechts und links);

Familie Scholz, Moselkern: S. 82, 109;

Foto Kömmet, Cochem: S. 85;

Privatarchiv Joachim Barden, Ernst: S. 90, 107, 110;

© Frank Cornely Verlag, 53489 Sinzig am Rhein: S. 87;

Kriegsarbeit der im Nationalen Frauendienste vereinigten Coblenzer Frauen. 1914–1918. Mit Fotografien von Max Rupricht. Koblenz 1918. Quelle: dilibri Rheinland-Pfalz (www.dilibri.de): S. 104, 105, 106.

Literaturverzeichnis

Das ausführliche Literaturverzeichnis ist online unter www.forschung-texte-mosel.eu abrufbar.

ANONYM: *Kriegsarbeit der im Nationalen Frauendienste vereinigten Coblenzer Frauen. 1914–1918.* Mit Fotografien von Max Ruprecht. Koblenz 1918. Online unter dilibri Rheinland-Pfalz (www.dilibri.de)

ARBOGAST, WERNER: Im Flubbes liegt Wahrheit. Mosel-Stückelcher. 2005.

AUSONIUS, D. MAGNUS: *Mosella/Die Mosel.* Mit Texten von Symmachus und Venantius Fortunatus. Lateinisch/Deutsch. Hg., übs. und kommentiert von Otto Schönberger. Stuttgart 2014.

BARDEN, JOACHIM: *Änsch bi edd joofd barred ös! Geschichte und Geschichten des Weindorfes Ernst an der Mosel.* Ernst/Mosel 2010.

BINDING, RUDOLF G.: *Moselfahrt aus Liebeskummer. Novelle einer Landschaft.* Frankfurt/M. 1932, Neuausgabe Traben-Trarbach 1998.

BITTMANN, CARL: *J. C. Schmeltzer und die Achard'sche Departments-Zuckerfabrik im St. Agnetenkloster zu Trier Anno 1811–14.* Trier 1901.

BROMMER, PETER/KRÜMMEL, ACHIM: *Höfisches Leben am Mittelrhein unter Kurfürst Clemens Wenzeslaus von Trier (1739–1812).* Koblenz 2012.

EULENSTEIN, JULIA: *Territorialisierung mit dem Schwert? Die Fehdeführung des Trierer Erzbischofs Balduin von Luxemburg (1307/08–1354) im Erzstift Trier.* Koblenz 2012.

FRIEDHOFF, JENS: *Burg Pyrmont in der Eifel. Ausstattung und Raumprogramm im Spiegel der archivalischen Überlieferung.* In: Jahrbuch für westdeutsche Landesgeschichte 32, 2006, S. 167–195.

GOETHE, JOHANN WOLFGANG VON: *Kampagne in Frankreich, 1792.* In: Goethes Werke. Hamburger Ausgabe in 14 Bänden. Textkritisch durchgesehen und mit Anmerkungen versehen von Erich Trunz, Hamburg 1948 ff., Band 10.

GRIMM, JACOB: *Weistümer.* Teil 2. Göttingen 1840.

HEIZMANN, BERTHOLD: *Die rheinische Mahlzeit. Zum Wandel der Nahrungskultur im Spiegel lokaler Berichte.* Köln 1994.

HENRICHS, WINFRIED: *Einführung und Verbreitung der „Grundbirne" im Kurfürstentum Trier.* In: Heimatbuch 2010 Landkreis Mayen-Koblenz. Hg. von der Kreisverwaltung Mayen-Koblenz 2009, S. 170 f.

HEYEN, FRANZ-JOSEF: *Das große Almosen zu Münstermaifeld. Ein Beitrag zur Geschichte des Armenwesens.* In: Archiv für mittelrheinische Kirchengeschichte 7, 1955, S. 371–377.

JUNKELMANN, MARCUS: *Panis militaris. Die Ernährung des römischen Soldaten oder der Grundstoff der Macht.* Mainz 1997.

KENTENICH, GOTTFRIED: *Trierer Schillererinnerungen.* In: Trierische Chronik NF 1, 1905, Nr. 9, S. 129–134.

KLEIN, JOHANN AUGUST: *Das Moselthal zwischen Koblenz und Zell mit Städten, Ortschaften, Ritterburgen : historisch, topographisch, malerisch.* Koblenz 1831.

KÖNIG, MARGARETHE: *Apfel-, Nuss- und Feigenkern …: die Ernährungsgrundlagen im mittelalterlichen Trier.* In: Jahrbuch Kreis Trier-Saarburg 2008, S. 189–199.

KÖWERICH, ANNETTE/EIBEN, HANS-GEORG: *Genießen wie die Römer. Eine kulinarische Reise entlang der Straße der Römer.* Luxemburg 2007.

Kutz, Marlies: *Zur Geschichte der Moselkanalisierung von den Anfängen bis zur Gegenwart, ein Überblick.* In: Beiträge zur Geschichte der Moselkanalisierung. Köln 1967 (= Schriften zur rheinisch-westfälischen Wirtschaftsgeschichte, Bd. 14), S. 5–110.

Lager, Christian: *Eine Dienstordnung für die Beamten und Diener des trierischen Domkapitels aus der zweiten Hälfte des 13. Jahrhunderts.* In: Trierisches Archiv 1, 1898, S. 37-56.

ders.: *Ein Bürgermeisteressen in Trier im Jahre 1597.* In: Trierische Chronik NF 1, 1904/05, S. 25–32.

ders.: *Etwas von der Steipe.* In: Trierische Chronik NF 4, 1907/08, S. 49–60.

Lamprecht, Karl: *Deutsches Wirtschaftsleben im Mittelalter. Untersuchungen über die Entwicklung der materiellen Kultur des platten Landes auf Grund der Quellen zunächst des Mosellandes.* Bd. 2, Leipzig 1885.

Laufner, Richard: *1987. 200 Jahre Qualitätsweinbau an Mosel-Saar-Ruwer. Die Weinbauverordnungen des Trierer Kurfürsten Clemens Wenzeslaus 1787.* Trier 1987.

Mansfield, Robert Blachford: *The Log of the Water Lily (Thames Gig), during two cruises in the summers of 1851-2, on the Rhine, Neckar, Main, Moselle, Danube, and other Streams of Germany.* London 1854.

Meyer, Felix: *Weinbau und Weinhandel an Mosel Saar Ruwer. Ein Rückblick auf die letzten 100 Jahre.* 2 Bde. Koblenz 1926.

ders.: *Wochenende und Sommerfrische an Mosel und Saar.* Traben-Trarbach 1928.

Moselwein zur Blütezeit. Hg. Europäische Akademie für Wein und Kultur e.V. Redaktion Ansgar Schmitz und Bernhard Simon. Trier o.J. (2009).

Pauly, Ferdinand: *Die Hoch-Gemeinde Senheim an der Mosel.* Koblenz 1959.

Quellen zur Geschichte der Stadt Trier in der frühen Preußenzeit (1815–1850). Hgg. Jort Blazejewski, Stephan Laux und Nina Schweisthal. Trier 2018 (= Publikationen aus dem Stadtarchiv Trier, Bd. 4).

Reis, Achim: *Das Glück braucht tiefe Wurzeln. Wie ich durch mein Weingut zum guten Leben fand.* Berlin 2014.

Rooke, Octavius: *Die Mosel. Eine romantische Reise im 19. Jahrhundert.* Aus dem Englischen übersetzt von Richard Ochs, freie Übertragung der Gedichte von Gisela Ochs. Erfurt 2011.

Scholz, Ingeborg: *Der rote Weinbergspfirsich: Herkunft – Kultur – Rezepte.* Wintrich 2012.

Stadler, Juliane: *Nahrung für die Toten? Speisebeigaben in hallstattzeitlichen Gräbern und ihre kulturhistorische Deutung.* Bonn 2010.

Tiaden, Heinrich: *Burgenzauber an der Mosel. Fröhliche Künstlerfahrten in einem Lande der Glückseligkeit.* München (Trier) 1920.

Waring Jr., George E.: *Vivat Mosella. Mit einem Ruderboot auf der Mosel 1875.* Aus dem Englischen übersetzt von Richard P. Ochs. Erfurt 2013.

Zimmer, Irmgard: *Arsenvergiftungen der Moselwinzer.* In: Jahrbuch für den Kreis Cochem-Zell 2014, S. 92–94.

Einband vorn: Motiv von einem alten Werbeplakat.

Vorsatz: Weinberg bei Winningen. Die Reben graben metertiefe Wurzeln in das Felsgestein. Der mineralische Geschmack ist ein vielgerühmtes Charakteristikum des Moselrieslings.

Seite IV: Burgküche der Burg Pyrmont bei Roes.

Nachsatz: Ansicht von Alken mit Burg Thurandt.

Einband hinten: Mittagsimbiss der Treverer (s. a. S. 8).

Impressum

Sutton Verlag GmbH
Arnstädter Straße 8
99096 Erfurt
www.suttonverlag.de

Copyright © Sutton Verlag, 2019
ISBN: 978-3-96303-009-3
Druck: Florjančič Tisk d.o.o. / Slowenien

ISBN 978-3-89702-943-9 | 20,00 €

ISBN 978-3-89702-681-0 | 18,99 €

ISBN 978-3-95400-917-6 | 19,99 €